大学生のための「社会常識」講座

社会人基礎力を身に付ける方法

松野 弘 編著

ミネルヴァ書房

はしがき

古来、物欲を生理的に求める動物と比べ、「人間は社会的動物である」といわれてきた。この言葉は古代ギリシャの哲学者アリストテレスに由来するといわれているが、正確にはその著書『政治学』に記された「人間は自然に国的（注：国家的＝ポリス的）動物である」（Aristotle＝山本訳［一九六九：七］）という一文に登場してきたものである。人間は他の動物とは異なり、「善き生活」（同［一九六九：六］）のために共同体をつくり、さらに、それらの共同体が集まり、国になるとアリストテレスはいう。このような社会的な動物としての人間の姿は、今日でもなんら変わることはない。古代から今日に至るまで、人間は高度な社会構造を構築して生活する動物なのである。家族や学校、あるいは、職場やコミュニティなどの中間集団を通じて人間は多様な社会を形成している。そして、そこでは、個々の人間がそれぞれに与えられた役割を果たすことによって、社会を維持・形成しているのである。

このような高度で複雑な社会を形成するためには、その構成員である個々人がそれぞれの社会を構築していくための社会的な知性＝「社会知」をもつことが求められる。そのために、われわれは学校教育を通じて「社会知」を構築してきたのである。こうした「社会知」の標準的、かつ、規範的な知の一つとして、「常識」が存在している。「常識」とは、「普通、一般人が持ち、また、もっているべき知識。専門的知識でない一般的知識とともに、理解力・判断力・思慮分別などを含む」とされる（新村［二〇〇八：一三七九］）。英語では、'Common Sense' と訳されるように、私たち人間が社会の構成員として等しく共有していなければならない、もっとも基本的な共有知、ないし、倫理規範としての知が「常識」なのである。「常識」という共通の知や判断力をもつことによって、その社会の中で日常生活を円滑に送ることが可能となる。周知のように、「コモン・センス」という言葉は日本では、一八世紀のアメリカの社会思想家、トーマス・ペインによって著された『コモン・センス』を通じて、日本に普及してきた。まさに、この本は文字通り、イギリスという国家的権威としての常識に対するアメリカ人の独立の正当性としての、あるいは、市民的権威としての 'Common Sense'、すなわち、「常識」のあり方についてアメリカ人に問うものであった。この言葉は、私たち日本人にとっても、「近代社会」を支えていくための「社会知」とはいかなるものであるべきか、について問いかける書であったといえるだろう。

このように「常識」は社会の潤滑油であり、人間が社会的動物として生きるための倫理的なミニマムの要件である。したがって、社会知としての「常識」が欠如している場合には、そうしたことが他人に不快感を与えたり、社会に迷惑をかけたりすることになる。これが「非常識」と呼ばれるものであり、当然ながら、そのような行動をとった者は社会において批判の対象となり、自分の評価を落とすことになるばかりか、社会規範に違反した場合には、社会的制裁を受けることもある。非常識な行為によって他人に何らかの危害を及ぼすような犯罪に手を染めた場合にはそうである。そのために、一般的に「常識」をもっている人間であれば、非常識な行動を慎み、常識を身に付けることを心がけるのである。

しかし、今日では、われわれの社会から「常識」が失われつつある事例が散見される。現代社会は、歴史上、最も高度で複雑に構築された社会といってよいだろう。そうであれば、「常識」もそれに比例して高い水準で維持されるはずにもかかわらず、なぜ、「常識」は崩壊していったのであろうか？　その原因の一つは、社会全体に広がった「娯楽志向性」と「自己閉鎖性」にある、と思われる。一九六〇年代の高度経済成長期を契機とした「大量消費社会」の到来と映像メディアとしてのテレビの普及とテレビ局の増加等により、いわゆる「テレビ人間」が急増して、娯楽志向性が広がった。さらに、ＩＴ（情報技術）の普及により「ＩＴオタク」にみられるような、他者との直接的なコミュニケーションを拒否する「自己閉鎖性」が蔓延し、一般教養や社会倫理としての「社会常識」を身に付けていくことを放棄させたのではないだろうか？　評論家の故大宅壮一氏が一九五〇年代のテレビ時代の到来とその普及の行く末を「一億総白痴化」現象と批判した時代状況は、わが国の高度経済成長期への過程であった。こうした物質的な豊かさにより「一億総中流意識」が進行したことも、社会常識を失わせる要因の一つになったと考えられる。なぜならば、中流より上をめざさなくなるということは、社会常識をより学び、より高めるという向上的な知の質を高める姿勢も不要になる可能性があるからである。

このように、「社会常識」は社会の知的レベルを示す、一つのバロメーターであるといえよう。一般教養や社会倫理としての「社会常識」が向上すれば、先にあげたアリストテレスのいう、「共同体の知」（社会知）的水準も高まることになるのである。そして、それは共同体の集合体である国家の主権者としての、国民の知性の向上は健全な民主主義社会の育成と発展につながるのである。

松野　弘

引用・参考文献

Aristotle『ポリティカ』邦訳（一九六九）「政治学」山本光雄訳『アリストテレス全集15』岩波書店

新村出（二〇〇八）『広辞苑　第六版』岩波書店

Paine, T（1776）*COMMON SENSE*, R. BELL［邦訳］（一九七六）小松春雄訳『コモン・センス　他三編』岩波書店

大学生のための「社会常識」講座——社会人基礎力を身に付ける方法　目次

講座3　人付き合いの「社会常識」……廣石忠司……99

目　次

プロローグ

「社会常識」とは何か

1　非常識の時代の危機管理——なぜ、「社会常識」が必要なのか

（1）　漢字が読めない首相、分数ができない大学生

二〇〇八年から二〇〇九年にかけて内閣総理大臣を務めた麻生太郎氏は、「未曽有」を「みぞうゆう」、「順風満帆」を「じゅんぷうまんぽ」、「低迷」を「ていまい」と読むなど漢字の読み間違いが多く、「漢字が読めない首相」として批判された。漢字を正しく読み書きする、すなわち、言葉を正しく使うということは、「自分の意思を正確に相手に伝えたり、あるいは、相手の意志を正確に理解したりするためには必須の能力」である。一国の総理大臣が漢字を正しく読めないということは、「国家」という共同体のリーダーが、その共同体においてコミュニケーションを行う能力を疑われる、ということなのである。しかし、問題の本質は単に「漢字を正確に読み書きすること」ではなく、「いい大人、それも一国の首相が漢字を読めない」ということ自体が非常識なのである。

また、一九九九年に出版された『分数ができない大学生——21世紀の日本が危ない』（岡部恒治他編、東洋経済新報社）に代表されるように、近年、わが国において大学生の学力低下が社会問題となっている。同書では、ある私立大学で行われた小学校レベルの算数のテストの結果が、受験で数学を選択した学生の全問正解率が八八・三％、数学を選択しなかった学生では七八・三％であったことを明ら

図 P-1　補習授業の実施大学数

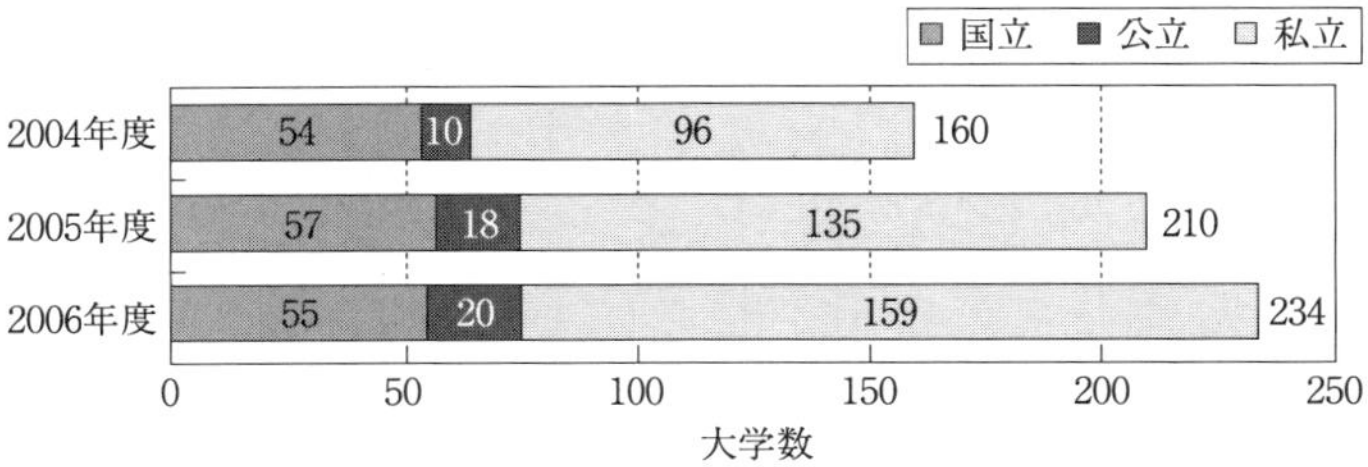

出典：文部科学省「高等学校での履修状況への配慮」(http://www.mext.go.jp/b_menu/houdou/20/06/08061617/001.htm) より作成。

かにして、大学生の学力低下に警鐘を鳴らした（岡部［一九九九：八—九］）。「所属学部で学力低下がどれだけ問題になっているか？」というアンケートの質問に対して、八％の教員が「授業が成り立たないなど深刻な問題になっている」と答え、「やや問題」と回答した教員は五三％に上った、という結果もある（Benesse 教育研究開発センター［二〇〇五］）。

その結果、大学生の学力不足を補うために、補習授業を実施する大学が増えている（図P-1）。二〇〇六年度時点のわが国における大学の数は七四四（出所：文部科学省『学校基本調査報告書』）であったが、うち二三四大学で補習授業が実施されている（出所：文部科学省［二〇〇八］）。大学生の学力低下に歯止めがかからない一方で、補習授業を行うための大学側のリソースも限界に達しつつあり、ついに補習が必要な学生を高校へ〝差し戻し〟することで大学と高校が提携したという報道も行われた（読売新聞、二〇一〇年五月一五日付）。

（2）なぜ、「常識」は失われたのか

このような「非常識の時代」ともいうべき社会風潮はなぜ、生まれてしまったのであろうか？　その前に、「常識」とは何かについて基本的な事柄を考えておきたい。古代ギリシャの哲学者、アリストテレスはその著書、『霊魂論』において、人間は五感で物を感じるが、「共通なものどもについては最初からわれわれは共通感覚を持っている」（Aristotle＝山本訳［一九六八：八五］）と記している。つまり、個々人がそれぞれ五感で物を感じることとは別に、これらの感覚器官にとらわれない共通の感覚があるというのである。例えば、苦い物を見た（視覚）場合、実際にはなめて（味覚）いないにもかかわらず苦い、と認識することである。このように、アリストテレスが呼んだ「共通感覚」（Sensus Communis）は五感に限定されない感覚のために、複数の人間が個々人の五感を超えて共通で認識することが可能となるものである。こうした考え方が「常識」の原点といえるかもしれない。

一八世紀のドイツの哲学者、カントはこの「共通感覚」を「常識」という概念で捉えている。彼の著書、『実用的見地における人間学』によれば、「共通感覚」（Sensus Communis：常識）を備えているにちがいない人々は応用の局面で規則に通じており、その認識能力に属する悟性は健全な人間悟性（bon sens―［フランス語で良識］と呼ばれる）である、としている（Kant, I＝渋谷訳［二〇〇三：四一―四二］）。そして、「的確な悟性は、通常の認識に必要な概念が足りている場合、健全な（家庭生活に間に合う）悟性［常識］と呼ばれる」（同［二〇〇三：一二六］）ように、家庭生活をはじめとしたさまざ

まな社会において健全な生活を行うために、通常、もっているべき認識や知識が「常識」ということになる。なお、カントはまた「非常識」についても言及しており、それによると「精神異常者に見られる唯一の普遍的な兆候は、常識（Sensus Communis：共通感官［共通論理］）の欠如と、それと入れ代わりに現れる論理的強情（Sensus Privatus：個人的な感官［個人的な論理］）である」としている（同［二〇〇三：一五八］）。このように、常識とは、一般人が普通に日常生活を送るために当然もっているべき知識であり、そして、それは社会を構成する人々の間で「共通感覚」（Sensus Communis）として広く認識される知識である。すなわち、「非常識」とは、それらが欠如した状態ということになる。

　他方、新しい「常識」（イギリスの国家的権威）が古い「常識」（アメリカの市民的権威）を打ち破るケースとしては一八世紀のアメリカの社会思想家（イギリス出身）、トーマス・ペインが記した『*Common Sense*』（Philadelphia: R. Bell, 1776）があげられよう。これはイギリスの植民地化にあった当時のアメリカ人に理解されていたイギリスの国家権力という“Common Sense”、すなわち、「常識」によるアメリカ植民地支配の不当性を暴き、それを打破するように呼びかけた書である。イギリスは宗主国であり、アメリカ発展の恩人であり、軍事的に逆らうことはありえないという「常識」を根拠によって打ち砕き、アメリカ独立への原動力となった（Paine, T＝小松訳［一九七六：四五］）。

　一九八〇年代以降の現代社会（日本）では、自己の趣味に傾倒する若者が「オタク」と呼ばれるようになった。多彩な趣味をもち、それに集中すること自体はよいことであるが、それが過度になり、アニメやパソコンなどの限定された、閉鎖的な自己世界に没頭して他者とのコミュニケーションをとらない「オタク」の存在が問題視されている。また近年、他者とのコミュニケーションをとらずに、家に閉じこもる「ひきこもり」と呼ばれる若者の急増が社会問題化している。これらに共通することは、他者とのコミュニケーションをとらない「自己閉鎖性」が存在していることである。すでに指摘したように、常識とは、「共通感覚」(Sensus Communis) であり、社会を構成する人々との間における共通の価値観や認識、知識なのである。他者とのコミュニケーションをとらないということは、これらの「共通感覚」が欠如するということであり、ひいては「非常識」につながりかねないのである。また、今日のITの発達はコミュニケーションの「手段」こそ飛躍的に向上させたものの、「共通感覚」をはじめとするコミュニケーション能力そのものの向上には結びついていない。そのために、安易にITに依存しすぎることは、人間としての本来のコミュニケーション能力を低下させかねない。それゆえに、ITの普及した今日においては、「オタク」ほどではない人であっても、ともすれば「共通感覚」を失いかねない状況にあるのである。

したがって、今日では、「社会常識」を教養＝社会知として意識的に学ぶことが以前に増して必要である、といえる。しかし、現実には大学をはじめとして、私たちの社会では、「社会常識を学ぶ」ことの重要性がさほど認識されていないように見受けられる。その背景には高度経済成長期に生まれた「一億総中流意識」現象があげられよう。一九六二年から今日に至るまで、「国民生活に関する世論調査」において「自分の生活水準が中の中だと思う」と回答した者の割合は五割以上である（『国民生活に関する世論調査』各年度）。もし、自分が「中流より下」にいると感じるならば、より上をめざすために努力するであろう。しかし、豊かな生活を背景に現状に満足しようという意識が、「上でも下でもない」という現状肯定の意識を生みだしたと考えられよう。そして、このような中流意識が私たちの社会において、社会常識をより学び、より高めるという意欲と姿勢を失わせるのである。加えて高度経済成長期におけるテレビの普及により、いわゆる「テレビ人間」が急増して娯楽志向性が広がったことも、意識して社会常識を学ぶという姿勢を失わせたことも指摘できよう。

この「一億総中流意識」により「学ぶ姿勢」が失われた対象は社会常識に限らない。それはわが国の大学教育にも潜在的な影響を及ぼしたと考えられる。なぜならば、経済的に大学進学が可能となる「中流意識層」が増えたということは、「大学へ行くことが（中流意識層としては）当たり前である」という意識につながるからである。これは今日多くみられる「まわりが皆、大学へ行くから自分も行く」という安易な大学進学の考え方の根底となるものである。わが国における高等教育機関への進学率は伸び続け、平成二一年時点での大学・短期大学への進学率は五六％を超えるようになった（『平成二一年度学校基本調査速報』）。その背景には、高度経済成長期以来の生活水準の向上が大きな要因としてあげられるが、一方で今、述べたような中流意識にもとづく安易な大学進学意識があることも指摘できよう。今日では、大学・短大の合格率は九〇・四％にまで上昇し、実受験者数が入学者定員と

表 P-1 OECD 学習到達度調査：読解力ランキングの推移

	2000	2003	2006
1	フィンランド	フィンランド	韓　国
2	カナダ	韓　国	フィンランド
3	ニュージーランド	カナダ	香　港
4	オーストラリア	オーストラリア	カナダ
5	アイルランド	リヒテンシュタイン	ニュージーランド
6	韓　国	ニュージーランド	アイルランド
7	イギリス	アイルランド	オーストラリア
8	**日　本**	スウェーデン	リヒテンシュタイン
9	スウェーデン	オランダ	ポーランド
10	オーストリア	香　港	スウェーデン
11	ベルギー	ベルギー	オランダ
12	アイスランド	ノルウェー	ベルギー
13	ノルウェー	スイス	エストニア
14	フランス	**日　本**	スイス
15	アメリカ	マカオ	**日　本**

表 P-2 OECD 学習到達度調査：数学的リテラシー・ランキングの推移

	2000	2003	2006
1	**日　本**	香　港	台　湾
2	韓　国	フィンランド	フィンランド
3	ニュージーランド	韓　国	香　港
4	フィンランド	オランダ	韓　国
5	オーストラリア	リヒテンシュタイン	オランダ
6	カナダ	**日　本**	スイス
7	スイス	カナダ	カナダ
8	イギリス	ベルギー	マカオ
9	ベルギー	マカオ	リヒテンシュタイン
10	フランス	スイス	**日　本**

表 P-3　OECD 学習到達度調査：科学的リテラシーランキングの推移

	2000	2003	2006
1	韓　国	フィンランド	フィンランド
2	**日　本**	**日　本**	香　港
3	フィンランド	香　港	カナダ
4	イギリス	韓　国	台　湾
5	カナダ	リヒテンシュタイン	エストニア
6	ニュージーランド	オーストラリア	**日　本**
7	オーストラリア	マカオ	ニュージーランド
8	オーストリア	オランダ	オーストラリア
9	アイルランド	チェコ	オランダ
10	スウェーデン	ニュージーランド	リヒテンシュタイン

出典：文部科学省『OECD 生徒の学習到達度調査（PISA）2006年調査国際結果の要約』掲載の年別ランキングを「読解力」「数学的リテラシー」「科学的リテラシー」の項目別ランキングに筆者が編集し直したものである。なお、2000年の「読解力」は正式には「総合読解力」という項目名であった。

同じ（さらにはそれ未満）になる「大学全入時代」の到来が迫りつつある。これに加えて少子化の進展により、一部の私立大学では入学定員割れも発生するようになった。その結果、多くの私立大学では受験生獲得を目的とした受験科目数の削減を行い、今日では「一芸一能入試」やＡＯ（アドミッション・オフィス）入試も珍しくなくなった。

一方、受験生の側では、学校週五日制や平成一四年度施行学習指導要領による「ゆとり教育」で育てられた世代が登場した。いわゆる「ゆとり世代」である。「知識詰め込み型」から「自ら学び、主体的に考える型」に改訂された「ゆとり教育」を受けた世代は、学力の低下が指摘されている（**表Ｐ-1、Ｐ-3**、文部科学省『ＯＥＣＤ生徒の学習到達度調査（ＰＩＳＡ）二〇〇六年調査国際結果の要約一二―一三』）。

このような学習時間という「量」の減少が知識の

「量」の低下をもたらし、安易な大学進学意識にみられるような学習意欲の低下が論理的な思考能力の「質」の低下をもたらした要因の一つであると指摘できよう。

(3) なぜ、「常識」が必要なのか――「品格本」がヒットした理由

このような「非常識の時代」において社会常識の重要性を指摘するためには、その前提として、私たちの社会で、なぜ、常識が必要なのか、について考察する必要がある。『国家の品格』や『女性の品格』など近年、いわゆる「品格本」が売れ続けているが、これらの書籍は自分の国に誇りをもつことや女性としての常識をもつことなど、本来であれば、当然とされる内容が記されているにすぎない。もちろん、その内容が重要であることには間違いないが、これらの「当たり前」とされる内容がもてはやされるということは、いかに今日が「非常識の時代」であるかということを示しているのである。本書ではより深い次元で、なぜ、常識が必要なのか、に関して、考察しなければならないことの重要性を指摘しておきたい。

アリストテレスは、人間は「善き生活」のために共同体、すなわち、社会をつくると述べた。人間が他の動物とは異なる「社会的動物」と呼ばれるようになった所以もこの点にあることは、先に指摘した通りである。同時にアリストテレスはまた、この人間の社会が破綻した場合の危険性について「人間は完成された時には、動物のうちで最も善いものであるが、しかし法や裁判から独立させられ

た時には、同じくまた凡てのもののうちで最も悪いものである」と述べている（Aristotle＝山川訳［一九六八：八］）。その理由として、彼は言語をはじめとする人間の能力を「武器」（同［一九六八：三五二］）と捉えた上で、「不正は武器を持てば最も危険なものであるからである。人間は思慮や徳に仕えるはずの、武器を持って生まれてくるが、この武器は好んで反対の目的のために使用されることもありうるのである、それ故に人間はもし徳を欠いていれば、最も不虔で最も野蛮で、また情事や食物にかけて最も悪しきものなのである」（同［一九六八：八］）と指摘している。ここでいう「徳」は「常識」と置き換えて読むこともできるであろう。他の動物よりすぐれた人間であるからこそ、その能力を正しく使わなければ危険をもたらすということである。

人間は言語をはじめとするコミュニケーション手段によって社会を形成してきたが、このコミュニケーション活動が円滑に行われなければ、社会はその機能を十分に果たすことが困難となるのである。このように、私たちの社会で、社会常識が必要とされる理由は、次のような三点に分類できるだろう。第一には、「政治的理由」である。私たちの社会において社会正義を実現するためには、批判的で創造的な理性が欠かせない。多種多様な社会事象を客観的に分析し、その問題点を指摘して改善することで、よりよき民主主義社会が築かれるのである。そのためには、社会に関するさまざまな事象を認識するための基礎知識と基礎知識を理解していくための社会倫理性、すなわち、社会常識が欠かせない。さらに、その事象から問題点を発見し、その解決へと転換させるための応用的な知性も、社会常識を土台とした知性なのである。例えば、マスコミは与えられた情報を「事実」としてただ流すのではなく、これらの情報の背景要因と問題点を分析し、客観的視点（事実）と批判的視点（問題点）の双方から捉えていくことが求められる。時に「常識を疑う」ことすら求められるが、そもそも自らが「常識」を備えていなければ「常識」を疑う資格がないのはいうまでもないことである。次には、「経済的理由」である。人間の社会は経済的な共同体でもあることを考えるならば、公平・公正で、かつ、努力が報われる社会を構築することが重要である。そのためには、個人も法人も経済的な社会常識をもたなければならない。それは企業と労働者の雇用規則や勤務評価などのルールであり、あるいは、仕事における規則や仕事の進め方、職場におけるモラル（道徳性、あるいは、倫理性）やマナー、企業間の商取引ルールやさまざまな企業モラルなどがあげられよう。とくに、今日のような高度な産業社会では、企業は単なる営利的存在ではなく、社会的存在であることも認識しておく必要がある。CSR（企業の社会的責任）の重要性が指摘される理由も同じである。最後は、「文化的理由」である。これは一点目の政治的理由における、いわば「上（行政）からの視点」ではなく、市民的価値（市民的公共性）に裏打ちされた民主主義社会の構築である。市民の立場からの市民文化の育成、すなわち、日常の社会的なマナーやモラルの向上を起点とした、社会倫理性の高い市民的価値を共有していくことで、健全な民主主義社会が醸成されていくのである。

2 「社会常識」の基本要素とは何か

（1）「社会常識」の必要性――社会における人間関係の潤滑油

これまで述べてきたように、「社会的動物」としての人間がその共同体（Community）において生活を営むためには、社会構成員としての「共通感覚」（Sensus Communis）、すなわち、「社会常識」が不可欠である。社会常識が人間関係を円滑にし、さらに、個人（人間）と社会の関係を密接にする。人間はそれぞれ異なる価値観を保有している。さらには、共同体単位でも独自の価値観をもつ。それは地域ごとの特性であったり、企業それぞれの社風であったり、あるいは、国や民族ごとの価値観である。これらの異なる価値観をもつもの同士が相互理解なしに接触すると、文化摩擦を生じかねない。しかし、だからといって一元的な価値基準を相手方に強制することは、それぞれの価値観や貴重な文化を破壊することであり、それは安定した社会を形成させることはできない。なぜならば、多元的な価値観こそが多元的な社会としての民主主義社会を構築できるからである。そのためには、個人や社会が「社会常識」を身に付けること、中間集団としての職場や地域集団等を育て、多元的な価値観を育てていくことが重要である。安定した社会とはその結果、形成されていくものなのである。

このように共同体としての社会の中で生活するためには、まず、最低限の社会的な（社会の仕組みや人間関係に関する）基礎知識が求められる。そして、社会における公正性を保っていくための、社会正義を実現するための健全な判断力も必要であろう。これは人間としての倫理観である。さらには「常識を疑う」ことができる批判的な理性も必要である。これについては社会常識が必要とされる「政治的理由」として先に述べた通りである。このようなさまざまな要素から「社会常識」は成り立っているといえよう。これらの要素を三点にまとめれば以下のようになる。

◉「常識」の三つの構成要素

（1）「知識」（Knowledge—量）——社会常識の基礎力（基礎知識）
（2）「良識」（Good Sesnse—質1）——社会常識の倫理力（社会正義）
（3）「見識」（Judgment—質2）——社会常識の批判的・創造的理性（公平な物の見方［判断］）

こうした「常識」を構成する三要素について、それぞれ述べてゆくこととする。

(2) 社会常識における「知識」

「知識」（Knowledge）と一言でいっても、その意味する範囲はあまりに幅が広い。社会常識を構成する要素としての「知識」に限定していえば、どのようになるだろうか？　社会常識における「知識」とは、社会において生活するための最低限の「基礎知識」ということになる。具体的には「読む力・書く力・計算する力」という、基礎的な知の要素があげられる。なお、ＩＴの発展した現代においては、パソコンやインターネット等に関する「基本ＩＴスキル」も「基礎知識」に加えるべきであろう。

常識を構成する三要素としての「知識」、「良識」、「見識」のうち、「良識」と「見識」はその「知の質」が問われるのに対して、「知識」は「知の量」が重要となる。もちろん、「知識」には有意義なものもあれば無益なもの、あるいは、有害なものすらあるが、これらの「知識」を取捨選択し、どのように活用するかという判断は「良識」と「見識」の役割である。そのためまずは、「知識」は社会常識としての最低限の必要量が重要なのである。「読み・書き・算数」の基礎知識に関する教育が義務教育期間に集中して行われる理由も同様である。肝心の知識がなければ、「良識」や「見識」を働かせる余地がそもそもなくなるからである。ともすれば「知識詰め込み型教育」は批判されがちであるが、これは知識を詰め込むこと「だけ」が教育であるという考え方に問題があるのであって、それが「知識に社会常識としての、一定程度の量が必要である」ということ自体を否定する根拠にはなりえない。

(3) 社会常識における「良識」

「知識」は社会常識のための必要条件であるが、十分条件ではない。つまり、社会常識を身に付けるためには「知識」は必要ではあるが、単に知識だけを高めるだけでは常識にはならないのである。そこで、知識を基にした、社会常識を身に付けるための要素として「良識」(Good Sense) が必要となる。「良識」とは社会常識の倫理的価値ということができよう。先に述べたように、ドイツの哲学者カントは「共通感覚」(Sensus Communis：常識) を備えている人間の「認識能力に属する悟性は健全な人間悟性 (Bon Sens [仏] 良識) と呼ばれる」と記している (カント＝渋谷訳 [二〇〇三：四一―四二])。このことからわかるように、「良識」とは、人間としての正しい考え方や健全な判断力、倫理や道徳観などの社会正義に裏づけられた知性や感性なのである。例えば、さまざまな悪や不正を憎み、これを正そうとする社会問題意識や人間の命を尊重する倫理観などは、時代に左右されない「良識」ということになる。例えば、近年の成人式にみられるような一部の「成人」の逸脱行動は、健全な判断力を欠いた良識の無い行為、すなわち、「非常識」といえるだろう。

(4) 社会常識における「見識」

「見識」(Judgment) とは、一言でいえば物事の本質について公平 (Fair) な見方 (判断) ができるということである。これは社会常識を批判的に考え、新しい常識を創造することができる理性である。

「知識」は単なる情報、あるいは、「知っているということ」にすぎないが、「見識」は物事に対する考えや見方という「主観」の要素が強い。すなわち、主体となる人物の物事に対する考えや見方が問われることになるのである。さらに、その考えや見方が「物事の本質を見通しているかどうか？」、「すぐれた判断力であるかどうか？」という精度の高さについても問われる。したがって、何か一つの事案を示して、その人物がそれをどのように捉え、どのように判断するかをみることで、その人物の物事の考え方や判断能力を知ることができるのである。

　このように「見識」は主観的な要素が強いために、一つの物事であっても人によってそれぞれ異なる「見識」が生まれることになる。そのために、「良識」が普遍的な性格を帯びているのに対して、「見識」は時代や地域によって異なるのである。国や民族、宗教によって「常識」が異なるのは、この「見識」が異なるためである。それはいい換えれば、見識には常識を打ち破る力があるということである。社会常識に対する批判的・創造的な理性はこの「見識」に裏づけられるものなのである。なお、当然のことながら、このような常識に対する批判的な見識は、社会における一般の人々から支持されることが必要となる。それが他人から支持されない場合は、文字通り、「見識の無い人」という評価を受けることになる。そのためにも物事の本質を見通して正しく判断する能力が不可欠なのである。

　このように「知識」、「良識」、「見識」をバランスよく統合化されたものが「常識」となる。この三要素はどれが欠けても常識にはなりえない。「知識」だけを蓄えてもそれは単に知識量が多いだけにすぎない。時代に左右されない普遍的な価値観、人としての倫理観をもった「良識」があってこそ「知識」は活かされるのである。その上で、時代や地理的条件によって左右される価値観に主体的に対応するための「見識」が備わって、はじめて「常識」が生まれるのである。また、いくら「見識」や「良識」があっても「知識」が不足していてはさまざまな場面で常識を疑われることになる。

すでに指摘したように、ゆとり教育による学習時間の低下は、「量」としての知識を減らしてきたことが懸念される。その弊害が今述べたような、知識不足、もしくは、知識の欠如に由来する「非常識」なのである。大学生は常識のための最低限の「基礎知識」を獲得していくとともに、高い社会倫理性をもった社会人になるための、「良識」を身に付けなければならない。そして、グローバル社会の到来した今日だからこそ、世界に通用する普遍的な価値観としての「良識」と世界によって異なる価値観としての「見識」とを磨いておかなければならないだろう。

引用・参考文献

Aristotle『ペリ・プシュケース』[邦訳]（一九六八）山本光雄訳「霊魂論・自然科学小論・気息について」『アリストテレス全集6』岩波書店

岡部恒治・戸瀬信之・西村和雄（一九九九）『分数ができない大学生——二一世紀の日本が危ない』東洋経済新

報社
Kant, I (1798) *Anthropologie in pragmatischer Hinsicht*［邦訳］（二〇〇三）渋谷治美・高橋克也訳「実用的見地における人間学」『カント全集15』岩波書店
佐藤卓己（二〇〇八）『テレビ的教養――一億総博知化への系譜』NTT出版
清水真木（二〇一〇）『これが「教養」だ』新潮社
高瀬淳一（二〇〇八）『できる大人はこう考える』筑摩書房
内閣府政府広報室『国民生活に関する世論調査』（各年度） http://www8.cao.go.jp/survey/index-ko.html
Paine, T (1776) *COMMON SENSE*, R. BELL［邦訳］（一九七六）小松春雄訳『コモン・センス 他三編』岩波書店
Benesse教育研究開発センター（二〇〇五）「深刻な大学生の学力低下　教員の六割問題視」http://benesse.jp/blog/20051201/p1.html
文部科学省（二〇〇八）「高等学校での履修状況への配慮」http://www.mext.go.jp/b_menu/houdou/20/06/08061617/001.htm
読売新聞「大学生、高校で補習…埼玉の高・大が連携」（二〇一〇年五月一五日付） http://www.yomiuri.co.jp/kyoiku/news/20100515-OYT8T00241.htm

（松野　弘）

講座1

大学生活の「社会常識」

講座のポイント

- 「学生」の立場を忘れず、生かし、それに甘えずに！
- 大学の仕組みをよく把握して、学生生活を有意義にすごそう。
- 教授・先輩・友人・サークル仲間とのつながりを一生ものにしよう！

キーワード

学科目制　教授　研究室　講座制　コンパ　GPA
授業　ゼミ　TPO　日本学生支援機構

1　大学生と大学生活

（1）大学生の「品格」とは何か

大学生の品格

しばしば、「あの人は品がある」という会話を耳にする。「品」は「気品」や「上品」と言ってもよい。この「品」とは品格のことである。

近年、「品格」をタイトルに含んだ新書がいくつかベストセラーになった。『国家の品格』を皮切りに、『女性の品格』、『男の品格』、『親の品格』などが続き、ついには『猫の品格』という本も出版された。それだけ今日の日本では「品格」が注目されているといってよい。品がない人が増えたからかも知れない。それでは、その「品格」とは何か？

品格に欠ける人は、「品がない」、あるいは、「下品だ」といわれてしまう。例えば、食事をとるときに、クチャクチャと音を立てるのは下品である。人前で大きな口を開けてあくびをしたり、放屁をしたりするのも品がない。必要以上に大声で会話するのも品がないといわれるだろう。もっと簡潔にいえば、常識がないことを品がないというのである。しかし、人のものを盗むのは品がないとはいわない。「品」や常識以前の問題だからである。

そう考えると、ＴＰＯにふさわしく立ち居振る舞うことを「品がある」といい、そうした気質の程度を「品格」ということになろう。ちなみに、国語辞典（角川新国語辞典）を紐解くと、「品」は、「物のよしあし、種類などの判定・区分、ねぶみ」と解説されている。したがって、「品がない」、または、「下品」は、物の善し悪しという観点から値踏みすれば下等なランクに区分され、「品がある」または「上品」はその観点から上等に値踏みされることになる。この「品がある」ないしは「上品」なことを「品格が高い」と呼ぶのである。

それでは、学生にとっての「品格」とは何か？　それは、学生らしく行動すること、だといってよい。

学生らしさ

学校教育法によれば、小学生は「児童」、中学生と高校生は「生徒」、大学生（短大生を含む）や専門学校生は「学生」と呼ばれる。したがって、大学では「学生」という用語が用いられる。しかし、大学生の中には、自分たちのことを「生徒」と呼ぶ者もいるが、まだ高校生のような意識が残っているからかも知れない。

戦前までの大学生は、現在に比べれば「大人」だった。今よりも老け顔で、親との心理的離乳ができており、多くは社会に関心をもっていた。しかし、学生服という大人らしくない服装を着用していた。服装と中味にずれがあるように思えるが、今の学生はどうだろうか。戦前の学生よりも若くみえるが、学生服を着用しているのは珍しく、勉学への関心も低く、非常識な行動をとる者が珍しくない。戦前と戦後ではどちらが「学生らしい」かは一概にいえない。そこで、「学生らしさ」とは何かを改めて整理してみよう。

大学生は、大学で勉学に励むことが学生らしさの第一条件になる。だから、勉強しない大学生は学生らしくない。大学の授業に出席することはもちろん、それ以外の時間でも自らの学問的な興味や関心をもって勉学に励み、テーマを設定して研究の初歩を学ぶことが大学生らしさの第一条件になる。サークル活動があるから授業に出席できないというのは本末転倒である。そうした理由で出席できないのは例外だという認識をもつべきである。

そして、勉学や大学生活に関係ないことにはできるだけかかわらないことが第二の条件になる。アルバイトばかりしていては何のために大学に進学したのかわからなくなるだろう。しばしば学費をまかなうためにアルバイトを行わなければならないという学生がいる。その場合でも、学業の時間を十分確保した上で、疲労の度合いも考慮しながらアルバイトの時間を設定する必要がある。各種学割や奨学金制度があるのは、経済的負担の軽減によって学業に専念できる条件作りを目的とするからである。大学卒業後に社会に出れば嫌でも働くことになることを考え、大学生活を有意義に過ごすよう考えたい。

第三に、大学生は社会的に保護され、社会労働等をある程度猶予された存在であるから、その枠組みの中で振る舞うことが期待される。パチンコ店やその他風俗営業に出入りするのはその枠組みから逸脱することになる。また、学生社長など学生時代から実業界に首を突っ込む者もいるが、「大学生らしさ」という意味では望ましくなく、両方とも中途半端になってしまうであろう。

学生が何か問題を起こした場合には、法律等によって処罰されるほか、学則等によって懲戒処分に処せられることがある。よくみられる問題としては、テスト時の不正行為や窃盗、インターネットによる不正アクセス、不正乗車などがあり、また、重大な問題には大麻栽培など麻薬にかかわる問題や暴行等がある。法律に触れる場合でなくとも、テストの不正行為などのほか、性行不良や出席常でない場合などに該当すると大学内で処分されることがある。

懲戒処分

懲戒処分には、法的効果を伴う懲戒と事実上の懲戒がある。前者には、退学、停学、訓告がある。退学は学籍の剥奪のことで、停学は学籍を保有させながら、通学を禁じる処分である。訓告は戒める処分で、通常はそのまま通学できるが、学籍に処分の事実が記載されることになる。懲戒処分がなされた学生は、学内にその事実が告知されるが、氏名を公表する大学と、氏名を非公表とし、処分の事実のみを告知する大学とがある。それら懲戒処分は何を根拠とするのであろうか？ 学校教育法、及び、学校教育法施行規則は、懲戒処分に関して次のように定めている。

◉学校教育法

第十一条　校長及び教員は、教育上必要があると認めるときは、文部科学大臣の定めるところにより、児童、生徒及び学生に懲戒を加えることができる。ただし、体罰を加えることはできない。

●学校教育法施行規則

第二十六条　校長及び教員が児童等に懲戒を加えるに当つては、児童等の心身の発達に応ずる等教育上必要な配慮をしなければならない。

②　懲戒のうち、退学、停学及び訓告の処分は、校長（大学にあつては、学長の委任を受けた学部長を含む。）が行う。

③　前項の退学は、公立の小学校、中学校（学校教育法第七十一条の規定により高等学校における教育と一貫した教育を施すもの（以下「併設型中学校」という。）を除く。）又は特別支援学校に在学する学齢児童又は学齢生徒を除き、次の各号のいずれかに該当する児童等に対して行うことができる。

一　性行不良で改善の見込がないと認められる者

二　学力劣等で成業の見込がないと認められる者

三　正当の理由がなくて出席常でない者

四　学校の秩序を乱し、その他学生又は生徒としての本分に反した者

④　第二項の停学は、学齢児童又は学齢生徒に対しては、行うことができない。

（2） 授業を受けるための社会常識

授業の形態

大学の授業には、講義、課題研究、演習、実習、実験などがある。講義は、比較的大規模の授業で座学形式をとることが多い。出欠のチェックは教員によって行われたり、行われなかったりするが、多くの大学では出席日数の下限を定め、三分の二以上の出席がないと単位授与を認めないという原則を設けている。大学の授業では講義タイプがもっとも多い。

課題研究は学生が自ら研究テーマを決めて、実験や調査、あるいは、文献によって研究成果を形にするための授業である。いわばミニ卒論のような成果を作成する授業になる。学生の問題意識を問う授業であるから、基礎的な学習をこなした上で受講しなければならない。

演習はゼミナール（ゼミ）と呼ばれ、指導教員のもとに少人数の学生が履修登録して、各人が決められたテーマに関する発表を交替で行い、その後他の学生との質疑応答（議論）と教員による講評などによって進められる授業形態である。法学部や経済学部など社会科学系の学部・学科では、特定の演習の履修をもって卒業論文に代える例が多い。

実習は、講義等で学んだことを実際に活用したり、検証したりするタイプの授業で、教育実習をはじめさまざまな授業がある。一般的に、専門基礎を終えた上級学年に配当されているが、入門的な学習の場として配当されている例もある。

実験は、自然科学分野や心理学系統の学部・学科で開講され、主として専門分野の学問的検証を行うために学生がその過程に参加できる授業だといえる。実際、講義以外の授業では出席状況が成績に大きく影響し、また、学生の主体性・自主性が強く求められることになる。

シラバス

シラバスとは、「授業等の目的・計画講義・テキスト・評価基準・注意事項等を記した授業計画書」のことである。現在、大学では、講義・演習・課題研究・実験等のすべての授業についてシラバスを提示し、学生の学習や授業選択の資料として活用させている。シラバスは冊子形態として作成されているほか、ホームページ等でも公開されている。

通常、教員は学生がシラバスに目を通していることを前提に授業を進めるが、学生の中にはシラバスに目を通さずに受講し、シラバスに記されている内容を質問する者がいる。確かに、シラバスには、ずいぶん大まかな内容しか記されていない場合も少なくないが、学生としてはあらかじめシラバスには必ず目を通しておく必要がある。シラバスに示されたテキストを事前に入手しておくのは常識である。また、シラバスにある評価方法をよく把握しておかなければならない。

セメスター制

従来の大学では、授業が年間を通して実施されるものが多く、そのため学生は前期と後期を通して履修し、それぞれの試験に合格して単位を取得できる仕組みをとっていた。しかし、学習効率を高めることを理由に、学期ごとに授業を完結させるセメスター制がとられるようになった。セメスター制では、学期内に同じ授業を週二回実施し、従来の一年分に相当する授業を半年で完結させる方式をとることがある。この場合、集中的な授業によって学習効率が高まるとされるが、実際には、長い時間をかけて学ぶべき学習に向かず、また、時間割決定に際して週二回の時間確保が難しく、授業選択の自由が制約されるなどの問題点がある。そこで、週一回の授業を半年で完結される方式が普及している。

普通、一年生の前期が第一セメスター、後期が第二セメスターとなり、四年生後期が第八セメスターとなる。セメスター制は、授業途中で息切れしやすい学生にとっては単位取得が容易になり、また、授業選択機会が前期と後期の二回に増えるなどの利点がある。

授業の成績・評価

大学の授業では原則として四段階、ないしは、五段階による絶対評価が採用されている。四段階評価は、A（優）・B（良）・C（可）・D（不可）とされ、Cまでは合格点だとされるが、Dだと不合格で、単位認定がなされない。また、最近では、この四段階の最上位にS（秀）やAAなどの評価を加えて五段階にしている大学も珍しくない。大学によっては、このうち、Sなどに限って学生数の一〇％以内に限定するなど相対評価を部分的にとり入れているところもある。

ほとんどは絶対評価であるから、担当教員の評価基準によって大きく成績は異なることから、上位の評価をなかなか与えない教員は「鬼」と呼ばれ、反対に上位の評価を多く与える教員が「仏」と呼ばれたりする。

担当教員が評価を示す場合には二通りの方法がある。前記の段階に即して、A・B・C・Dなどの記号を記す場合と素点で記す場合があり、これらは大学によって異なる。素点の場合、八〇点以上A（九〇点以上はS等の場合もある）、七〇点以上八〇点未満B、六〇点以上七〇点未満C、六〇点未満Dなどとなる。GPAを実施している大学で素点評価になる。いずれにせよ、多くの大学では成績が六割に満たないと不合格として処理している。

学生による授業評価・授業アンケート

大学の授業改善を目的として、学生が履修する授業に対して、アンケート用紙などを通して行う評価のことである。平成三年二月八日の文部科学省の旧大学審議会答申「大学教育の改善について」が大学の自己点検・評価の必要性を提言し、その方策の一つとして学生による授業評価の実施を示した。以来、各大学では自己点検・評価の一環として、学生による授業評価をアンケートによって実施するようになった。現在でも、そのあり方を問題視して、実施していない大学もあるが、実施する大学は多い。

授業アンケートは、担当教員の指導のあり方を問う項目のほか、自らの学習態度などを問う項目も含まれている。通常は各設問に対して、四肢、または、五肢から択一する方法をとっている。その結果は、担当教員に知らされ、以後の授業改善のための資料として活用されることを意図している。

しかしながら、多くの問題点も指摘されている。まず、学生の評価疲れの問題である。学生にとってはかなり多くの授業で評価を強いられるため、アンケート記入がいいかげんになる傾向がある。また、授業改善を目的としながらも、大学の教員人事評価の資料として用いられる例がある。さらに、アンケートが無記名で実施されると、当該教員への報復手段としてそれが用いられることも少なくない。例えば、授業中に私語等を注意された学生がその腹いせに評価を低めて報復するのである。そうすると、教員と学生の双方にとって不幸な状態（教員は気分を害し、結局、単位認定が厳しくなることも）になりかねないので、報復的なアンケート回答は絶対にしてはならない。この他、授業の条件（大人数授業か否か、視聴覚設備が整っているか否か、学年の違い等）がまったく考慮されないまま平均得点が示されることも問題視される。一般的に、評価の高い教員は少人数授業を担当している者に多い傾向にある。

ともあれ、学生としては、授業アンケートについては、私情に支配されないよう、冷静な態度で記入するよう努めることが大切である。また、わからない項目には回答しないのも良識ある態度だといえよう。

GPA (Grade Point Average)

ＧＰＡとは、学生の成績を素点で評価し、その数値によって四段階に評価し直し、平均点を算出して得られた結果のことである。たとえば、九〇点～一〇〇点を「四」、八〇点～九〇点未満を「三」、七〇点～八〇点未満を「二」、六〇点～七〇点未満を「一」として平均値を算出するので、平均値四が満点になる。六〇点未満は〇点とされる。この合計値によって成績の順位を決定することになるが、ＧＰＡには問題点もある。例えば、単位修得科目数の多寡が考慮されていないため、結果として習得単位数が多い学生ほど不利になる傾向がある。多くの科目を履修すれば、学習負担が大きくなり、それだけ良い成績を維持することが困難になるからである。また、素点の平均点とＧＰＡの得点が逆転する例がある。たとえば、Ａ君は六科目の得点が七八点・八九点・七五点・九八点・一〇〇点・八八点だとすると、平均点は八八点で、ＧＰＡは三・〇になる。一方、Ｂ君の六科目の得点が八〇点・九〇点・七〇点・九〇点・九〇点・八四点だとすると、平均点八四点、ＧＰＡ三・三になる。平均得点はＡ君の方がＢ君よりも四点高いにもかかわらず、ＧＰＡは〇・三低くなってしまうのである。ここにもＧＰＡ制度の問題点がある。

また、学生としては、ＧＰＡにこだわってしまうと、少し興味がある科目や苦手意識を感じる科目にはあえて挑戦しなくなり、必修科目等に絞り込んで、自由な学びにブレーキを掛けてしまうことになりかねない。その意味で、ＧＰＡ制度はむしろ弊害を有するといえる。

（３）ゼミ等に参加するための社会常識

ゼミ（演習）といっても、自然科学系では研究室に入って卒業研究や輪講を履修する場合も含まれる。これらゼミ等に参加するには、いくつかの方法がある。まず、担当教員が面接を行った上で受講学生を選考する方法がある。社会科学系や自然科学系に多いタイプである。この場合、希望教員ゼミの選考に漏れると、不本意なゼミに配当されることになってしまうので、ゼミ配当の前学年から希望ゼミについて十分把握し、また、その専門領域について勉強しておく必要がある。

次に、学生に「希望調書」を提出させ、これに基づいて学科等で学生を割り振る方法がある。ゼミ間の履修学生数の極端な偏りをなくすための方法であるが、学生にとっては希望外のゼミに配当されることもある。そうなると、学習意欲が低下することになるが、学生としては配当されたゼミで新たな発見に努めるような態度をもって臨むようにしたい。

いずれの場合でも、ゼミに配当されれば、担当教員との間で、ある種の契約を交わしたことになるから、そのゼミの方針に従わなければならない。例えば、新学期になってからゼミ変更を願いできるのはきわめて重大な理由がない限り行うべきでない。

さて、ゼミや輪講では、担当者が当番制で発表や報告を行うことになるが、時々担当日に担当学生が欠席することがある。病気なら仕方がないと理解されることもあるが、十分な準備ができないために欠席するのは非常識である。そうした欠席は、教員だけでなく、他の学生にも多大な迷惑を掛けることになるので、単位が授与されなくても仕方がないと認識すべきである。ゼミ破門のように扱われても仕方がない。たとえ準備が不十分であっても、事前に担当教員に相談し、当日は不十分ながらも発表に向かわなければならない。これは大学生の常識である。

発表者はレジュメなどの配付資料を人数分用意しなければならない。ときどきレジュメが頭の中にあると豪語する愚かな学生もいるが、これではまったく準備していないのとかわりない。聴く立場に立てば、そうした態度がいかに馬鹿げているかがわかる。レジュメ等を作成してあっても、A４判一枚程度のあまりにも簡単なものやインターネットからのコピペだけのものでは評価は低くなる。発表時間によって枚数は異なるが、五分に一枚程度は用意したいものである。

また、担当学生以外の学生は発表等を聞きながら、必ず質疑に応じるよう努めなければならない。質問を求められると、「特にありません」、「大丈夫です」と答えて回避する学生がいるが、これでは何も聴いてませんでしたと露呈しているようなものであり、当然、教員からの評価は低くなる。質問がないのは聴いていないだけでなく、何も勉強していないことの証になってしまうからである。自分で勉強している事柄は質問したいことが多いはずである。最低でも感想程度を述べる必要がある。

そして、ゼミでは学生同士のつながりも大切になることから、合宿や見学等の学外学習の機会が設けられることが多いが、中には何かと理由をつけて欠席したがる学生がいる。しかし、学生同士の交流は日常の授業よりも、そうした学外学習の場で深められるので、その機会を逸すると他の学生との関係がうまくいかないことが少なくない。むろん教員との関係も同様である。したがって、これら学外学習に欠席すると学生本人に不利になる可能性があるので、ゼミには学外学習が不可欠だと認識し、その機会には必ず参加するよう努めたい。そうした機会が苦手ならば、選択科目のゼミは履修しない方がよいだろう。

（4） コンパに参加するための社会常識

コンパは、「仲間」を意味するドイツ語で、「飲み会」のような意味では学生特有の用語として用いられている。ゼミやサークル単位で行われることが多い。

飲み会ではあるが、通常の飲み会とは異なり、参加者同士の交流の切っ掛けを作り、また、これを深めるために行われるものである。換言すれば、仲間作りのための飲み会なのである。

しかし、問題は多い。近年は未成年者の飲酒、アルハラ、急性アルコール中毒、泥酔による乱暴・ケガ、仲間割れ・攻撃、経済的負担などの問題が指摘されている。新入生など未成年者や飲酒できない者に対する飲酒の強要が行われ、結局、急性アルコール中毒に陥る事件が頻発している。また、泥酔の挙げ句に乱暴したり、ケガをする学生も多い。そして、コンパが続いて経済的負担がふくらむ傾向もある。

そうだからといって、コンパに参加しないという姿勢はどうだろうか？ 社会人の飲み会でも同様だが、非参加者はゼミや職場で話の外に置かれてしまうことがある。特に初回に参加しないと、できつつある人間関係の輪に入りにくい雰囲気になってしまう。

そこで、まずは初回のコンパには万難を排して参加して、自分の存在を周囲に知ってもらうことが大切である。飲酒しなくても、できるだけ多くのメンバーと話すよう心がけるとよい。

また、コンパでは節度を守ることが何より大切である。節度とは、飲酒の仕方（飲みすぎない、飲めない人に飲酒を勧めないなど)、言動(いわゆる無礼講はないと思った方がよい)、参加費(学生らしい金額や実施頻度)などのことである。罰ゲームのようなことを強要したり、芸を披露させたりしないことも節度として押さえておきたい。これら節度の維持を担当教員に期待するのでなく、学生自身で守るよう努めたい。いうまでもなく、過度の飲酒、一気飲み、未成年者の飲酒は厳禁である。

そして、無断キャンセルをしないことである。コンパの企画学生はあらかじめ参加数を確定し、会場との交渉を行っているわけであるから、無断キャンセルは企画学生に負担を強いることになりかねない。どうしてもキャンセルしなければならない時には遅くとも前日の昼間までに企画学生に直接その旨を伝えるのが最低限のマナーになる。無断キャンセルした場合には当然、キャンセル料の支払いとメンバーからの批判を覚悟すべきである。

最近の学生はコンパの集合時間を守らないことが多いため、集合時間を開始三〇分前頃に設定して、教員にも集合させることがある。教員は時間厳守であるのが普通であるから、三〇分前集合だと教員に無駄な時間を過ごさせることになる。教員には開始時間を告げるか、遅刻者が予想されても時間厳守で開始するか、いずれの方法を選ぶようにする。

なお、飲酒による迷惑行為や未成年者の飲酒に関しては次のような法律の条文がある。

◉酒に酔つて公衆に迷惑をかける行為の防止等に関する法律
第四条　酩酊者が、公共の場所又は乗物において、公衆に迷惑をかけるような著しく粗野又は乱暴な言動をしたときは、拘留又は科料に処する。
◉未成年者飲酒禁止法
第一条　満二十年ニ至ラサル者ハ酒類ヲ飲用スルコトヲ得ス

大学生になったお酒ぐらいよいではないかという意識があるかも知れないが、未成年者の飲酒は法的には禁じられていることを改めて認識しておきたい。

(5)　先生に接するための社会常識

「講座制」と「学科目制」　大学教員には教授、准教授、専任講師（非常勤講師という職種もある）、助教、助手などの職種がある。これらの職種は階層性をとっているが、人文・社会科学系と自然科学系とではその扱いが異なる。自然科学系の場合、特定の専門分野を専攻する教授の下に、同じ分野を専攻する准教授や専任講師、助教、助手などが置かれ、会社組織の上司と部下のような関係になっている。つまり、教授（部長）の下に准教授（課長）が配され、課長の下に専任講師（係長）が置かれるような組織をとる例が多い。上司である教授はさまざまな権限をもっており、准教授以下に命令できるのである。このような組織構造を「講座制」と呼び、学部組織（特に、医学部）では、顕著にみられる。

これに対して、「学科目制」と呼ばれる制度がある。これは、「教育上、必要な学科目を定め、その教育研究に必要な教員を置く」制度である。

学科目制では、学科に必要な学科目や専門分野をカバーするように教授、准教授等が配置されるため、教授と准教授の担当科目や専門分野がむしろ重複しないように人事が行われる。例えば、筆者は教育学科の社会教育学担当教員として採用されているが、同じ社会教育学を担当する准教授はおらず、また、教育哲学や教育行政学を担当する准教授の上には教授が配置されていない。学科全体で必要な科目が担当できるような人員配置になっているからである。

また、教授からなる教授会が置かれ、大学の運営に関わる重要な事項を審議するものとされている。教授会のメンバーには准教授やその他教員を加えることができる。普通、定例教授会が開催される曜日には専任教員の授業が開講されていない。

そのほか、教員として非常勤講師も置かれているが、これは特定の曜日・時限の授業だけを担当するので、個人研究室を持っていない。したがって、非常勤講師と連絡を取りたい時には授業前後の教室や講師控え室等で直接声をかけなければならない。

最近では、特任教授と呼ばれる教員を置く大学もあるが、特任教授は専任の教授とは扱いが異なり、教授会メンバーとされていない場合や給料が専任とはことなったりことがある。特任教授は、教授定年後に再任用されたり、外部から特別に採用されたりするケースがある。

研究室　大学の研究室は二つの意味をもつ。一つは教員が常駐する部屋のことである。アメリカなどではオフィスと呼ばれるが、日本では研究室と呼ばれ、教員が授業以外の時間、例えば、研究や学生対応などのために用いる物理的空間である。個室の場合と共同部屋の場合がある。医学部などでは教授室と呼ばれることもある。研究室には、教員の研究活動に必要な個人使用の机と椅子、書棚、パソコンや実験器具等の機器等が設置されている。教員は授業や会議以外の時間のうち、特に学生の相談や質問に応じるための時間であるオフィスアワーと呼ばれる時間帯を設けて、この研究室で対応することになる。

もう一つは、学内の所属という意味である。特に、自然科学分野で用いられる。学生が卒業研究のために研究室に属するという場合である。学生間で、どこの研究室に所属しているのかなどという会話が交わされる。むろん物理的空間としての研究室を前提にした意味となるが、この意味での研究室は教授など限られた教員がもつことを認められている。この研究室では、異学年の学生がそれぞれのテーマに基づく研究に取り組み、教授の指導のもとで共同テーマを設けて研究を進めることになる。研究室にはそれぞれ習慣や雰囲気があるので、どこの研究室に属するかは専門分野だけでなく、その習慣や雰囲気に自分が馴染むかどうかという点も選択のポイントになる。

さて、大学教員に接する機会には、授業終了後やオフィス・アワーなどがある。また、クラス担任やサークルの顧問として接する場合もある。そこで、大学教員にどう接すればよいだろうか？

まず、大学教員は高校までの教員とは異なり、教育だけでなく、研究が主要な仕事の一つであることを理解しておきたい。つまり、仕事のすべてを学生に向けているというわけではないのである。したがって、研究室に行く時には、オフィス・アワー（アメリカでは大学教員の研究室をオフィスと呼ぶ）の日時や出講日などを確認しておく必要がある。大学教員は毎日、大学に勤務しているとは限らないことを理解しておこう。

また、大学教員は高校までの教員に比べて、より多くの学生を相手にしているため、受講学生であっても必ずしも顔と名前を覚えているとは限らない。そこで、教員に用がある時には、最初に受講している授業名と名前・所属等を伝えてから用件に入るようにしなければならない。

そして、授業中の接し方に配慮すべき点がある。時々、遅刻してきた学生が講義中の教員に声を掛けてくることがあるが、これでは講義を中断させることになる。緊急事態が発生したならともかく、このような自分勝手な行動をとることは禁物である。高校までなら、クラスの生徒は皆馴染みであるからある程度は許されるかも知れないが、大学の講義では見知らぬ学生も一緒なので、講義を中断させるように行動をとれば彼らから白眼視されることになる。講義終了後でも、黒板を消している最中の教員に呼びかけるのも同じである。まして、授業中に教室を出入りするのは常識ある大学生がすべきでない行為である。トイレに行くからと教室を出る学生がいるが、これではまるで幼児は変わらない行為だとみなされることを認識しておきたい。

敬称にも注意したい。学生の中には、教員を「さん」づけで呼ぶ学生が珍しくない。学生同士の日常会話でなよいが、教員がいる時にはそうした呼び方は慎みたい。当然、先生と呼ぶべきである。教員同士では「さん」づけてお互いを呼び合うこともあるので、これにつられることのないようにして、学生としての立場を十分自覚しておきたいものである。

2　大学生の日常生活

(1)　先輩に対する常識

大学の先輩とは、①サークルの先輩、②ゼミ等の先輩、③同窓としての先輩に分けられる。このうち、③同窓としての先輩の場合、顔見知りとは限らないので、学生生活に関しては①及び②の先輩が重要な存在になるが、就職などに際しては同窓の先輩の存在が強く影響してくる。

先輩と後輩の関係は、単に同じ大学で学んだという共通点だけでになく、血縁にも似た人間的関係にあたる。いわゆる「学閥」も、そうした関係を拠り所とした利害関係にほかならない。また、その関係は、母校愛を前提にして成り立つ。少なくとも母校に対する否定的意識を前にしては成り立たないといってよい。

そこで、サークルの先輩に対しては、上下関係が厳しくなくとも、やはり敬意を表し、言動に気をつけることが大切である。サークルの先輩は、ゼミ等の先輩に比べて、一生涯の付き合いになる可能性が高いので、利害を超えた付き合い方を心がけたい。

ゼミ等の先輩は、大学で教員とは異なる視点と方法で指導を与えてくれる存在である。ゼミの発表の仕方、文献の探し方と読み方、レジュメの書き方などの具体的な技術を学べる関係にある。そうした点に関して、教員に相談する前にゼミ等の先輩に教えを請うようすれば、関係が深まるはずである。就職活動に関しては、教員以上に新しい具体的な情報をもっているので、進んで相談するようにしたい。

顔見知りでない同窓の先輩と接する場合とは、同窓会やゼミなどのほか、就職活動のための企業訪問時などがある。そうした先輩に対しては、大学生活を話題にしながら関係を深めていくことが大切になる。そのためには、先輩にたずねられて答えられないことがないように、自らが大学の細かな情報を把握しておかなければならない。

（2） 学生同士の常識

大学の場合、友人関係は、①語学や学科などのクラス、②同じゼミや授業の履修者、③サークルなどのメンバーなどに分けられる。その他、寮仲間やバイト仲間、同郷人などの場合もあるが、多くは前者になろう。

そうした学生との付き合いは、関係性の深さによって異なる。例えば、金銭や物の貸し借りは相当親しい間柄でなければならない。その場合でも、特に、金銭の貸し借りは慎みたい。また、物の貸し借りを含めて、お互いに助け合うことは大切だが、ギブ・アンド・テイクの関係になるよう心がける必要がある、いつも友人から助けられているばかりだと、自分では知らない間に、友人から嫌われることになるからである。

授業で代返を頼まれることもあるだろうが、教員に咎められた場合には頼んだ学生と頼まれた学生の双方にとって不利になる可能性があるので、代返はすべきでない。要は、利害関係だけで結ばれる関係は避けるようにしたいものである。

また、付き合い方にはステップがあることにも留意したい。最初は、自己紹介によってお互いに情報を交換し合う段階である。この段階では出身地や趣味・嗜好、時間割などの情報交換を通して、お互いを理解し合い、どの程度の付き合いが可能かを見極めることになる。

次の段階は、相互補完である。換言すれば、助け合いの段階になる。物の貸し借りが可能になるのはこの段階に至ってからである。やむをえず欠席した講義のノートを借りたり、授業やアルバイトなどの情報を教えたりする間柄である。最初の段階をスキップして、お互いが理解できていないのに、助け合いを期待すれば図々しいとみられてしまうので、この点に留意したい。そして、相互補完の段階を経ると、協働の段階に至る。この段階は、一緒に同じことしたり、どこかに行ったりできる、深い付き合いのレベルである。仲良くなったので一緒に飲みに行ったり、講義の予習を一緒に行ったりするのである。

学生同士の付き合いも、以上のようなステップを踏まえることが望ましい。

(3)　サークル活動での常識

サークルとは、同じ趣味嗜好や目的をもつ者が集い、その実現のために活動するための集団で、大学生活を充実させるためのひとつの鍵に位置づく存在である。サークルには、学術系、趣味系、同好会的スポーツ系、競技的スポーツ系、社会活動系、オールラウンド系などがあり、それぞれが学内外で活動している。

サークルを選ぶ時には、まず、その趣旨の徹底理解が不可欠になる。例えば、テニス関係のサークルでも、競技志向の場合とレクリエーション志向の場合とでは練習量や活動姿勢が大きく異なるからである。また、オールラウンド系は、多様な活動を広く浅く行うもので、特定の活動よりも仲間関係を重視するサークルである。春には新歓旅行、夏にはキャンプ、秋には学祭参加、冬にはスノーボードなどという具合に活動する。

また、サークルに飲み会は付きものであるが、未成年者の飲酒やアルコールの飲みすぎに注意したい。サークルの飲み会ではじめてお酒を飲んだという学生は多い。しかし、新入生など未成年者の飲酒は禁物である。法的に禁じられているのはもちろん、お酒初体験のための急性アルコール中毒などが心配されるからである。

そして、「一気飲み」も止めるべきである。「一気飲み」は、察するに昭和の終わり頃から流行りだしたと思われるが、この理由として考えられるのは、「場の盛り上げ」である。つまり、昭和の終わり頃から、場の盛り上げが下手になったため、酒量でごまかすようになったといえよう。飲み会の本来の目的は、メンバーの交流と相互理解にあるから、たとえ盛り上がらなくても、それでよいわけである。飲み会では普段話す機会がない人とできるだけ多く話すよう心がけたい。

サークル活動と授業との関係をどう維持すべきかも課題になる。競技的スポーツ系の学生には大会等のために欠席すると申し出る者がいる。常識的に判断すれば、公欠扱いではなく、単なる欠席として処理されるが、大学や教員によってはある程度の便宜を図る例がある。しかし、この場合も特例であり、決して権利（公欠）ではないと認識すべきである。

(4) アルバイトでの常識

大学生になれば、アルバイトのメニューが広がり、バイト可能な時間が長くなり、単価も高くなる。

高校生時代は親にバイトを禁じられていた者も大学生になれば、それほど厳しい制約を受けなくなる。

日本学生支援機構の調査によれば、大学生の七四・五％がアルバイトに従事している。その内訳は、男子全体七四・五％、女子全体八一・一％、国立大学七七・四％、公立大学八一・七％、私立大学七七・三％である。女子の従事率が高い傾向にあるが、設置主体別には大きな違いはない。このうち、家庭からの給付で修学可能な者でアルバイトを行う学生は三九・九％（アルバイト従事者に占める割合は五一・四％）となり、約半数の学生は生活のためではなく、娯楽や嗜好品購入などのためにアルバイトを行っている様子が推察できる。

アルバイトをめぐっては、多くの問題がある。まず、アルバイトの時間数や勤務負担が学習の妨げになりやすいことである。深夜のバイトで朝、大学に行けなかったり、大学に行くことができても睡眠不足で講義中、居眠りを繰り返したりする学生がいる。一日の労働時間が長すぎると、自宅での学習時間が確保できなくなり、疲労のために授業に集中できないことがある。バイトはあくまでも副たる存在として認識し、学習の妨げにならない程度で行うべきであろう。

次に、職種に関する問題がある。例えば、風俗店勤務や違法行為に絡む職種、肉体的に危険な職種などは学生として避けるべきである。大学の中には、キャバクラ等の風俗店勤務を禁じているところと禁じていないところがあるが、学生らしさという観点から見れば、風俗店勤務は決して望ましくない。また、違法行為に関しては、かつてネズミ講に絡むバイトなどがあったが、現在は薬物の販売や売春斡旋などに絡むバイトが問題視される。この種のバイトに共通するのはバイト料の高さである。そのバイト料につられないよう十分注意し、決してかかわらないようにすべきである。

そして、肉体的に危険なバイトとしては、夜間の工事や高層ビルの窓拭き、夜勤警備員、大型車の運転などさまざまなバイトがある。これらを一律に禁じることはできないが、できるだけ避けるよう心がけたい。

さらに、金銭感覚が麻痺するという問題も指摘できる。女子学生の中には、ブルガリの時計やヴィトンのバック、シャネルのアクセサリーなど大学教員の収入では購入できないような高額商品で持ち歩く者がみられる。彼女らはバイトで稼いで購入したらしい。そのこと自体は否定すべきでないが、中には、次第に金銭感覚が麻痺してしまい、遂には高額な負債を抱えしてしまう例もあるので要注意である。また、学生時代に高額な収入があったために、就職してみると自分の給料の低さに啞然とすることもある。そうした意味では学生らしい慎ましい生活を保った方がよいといえよう。

経済的に苦しい場合には、日本学生支援機構や地方自治体の奨学金を申請するとよい。また、大学によっては独自の奨学金制度を設けていることもある。むろん、申請が認められるか否かには学業成績も影響するので、安易な気持ちでは奨学金は給付されないだろう。詳しくは各大学の学生課などに相談するとよい。普通、入学当初に学生課等による奨学金説明会が開かれるので、申請希望者が必ず出席するようにしたい。

(5) 一人暮らしの学生のための常識

大学生になったので、一人暮らしを望む学生は多い。親元を離れて、自由な生活をエンジョイしたいと期待するのである。一人暮らしは社会に出る準備として大いに意義がある。しかし、同棲、変質者の訪問、火災、盗難などの問題を招きやすいのも確かである。特に、女子の一人暮らしには細心の注意が必要になる。

まず、一人暮らしをはじめたら、住民基本台帳法に基づいて、住民票の移動手続きを行う必要がある。同法では、転入届、転居届、転出届というい方をしているが、転居届は同一市町村内での移動に際して行い、転出届は他の市町村に移動する場合に行うことになる。これらは元の住所地のある市町村役所に届け出て、新たに住所を移す市町村には転入届を提出することになる。通常、一年間の大半を新たな住所地で生活することになるであろうから、学生でも実家から一人暮らしになる場合にはこれら届け出が必要になる。同法第五三条は、虚偽の届け出や正当に理由なく届け出をしない場合には五万円以下の科料に処すると、定めているので要注意である。

次に、家を探す時には、近所の環境や人間にもよく注意しておきたい。例えば、暮らそうとしている住所地付近に風俗店があったり、防犯上問題のある環境条件にあったりしては、安心して生活できない。また、同じマンションやアパートの住民の実態にも目配りしたい。そうした点を考えると、大学の学生課等が斡旋してくれるマンションやアパートならある程度安心である。その他、大学に近すぎる場合には友人のたまり場になりやすく、計画が乱されることがあるので、よく注意しておきたい。

そして、一人暮らしの場合でも町内会・自治会費の納入を求められることがある。地域によっては町内会等がゴミ置き場の設置や自治体広報紙の配達などを担っていることがあるので、そうした地域では町内会等の費用を負担しないとゴミ置き場を無断で使用することになり、また、自治体広報紙が配達されないことがある。

＊　＊　＊　＊

さて、学生生活を有意義にための常識はこれまで述べてきたことに尽きるわけではないが、少なくともここで述べた「常識」だけは押さえて大学生としての「品格」を保って欲しい。

大卒という学歴欲しさの学生もいるかも知れないが、大学時代を楽しく、かつ、有意義に過ごすことはこれからの人生にとって大きな意味を持つ。長い人生の中で、大学時代ほど自主的に過ごせる期間はないといってよい。この大事に時間を活かすも駄目にするのも、大学生活の常識を守れるか否かにかかっているといえよう。

引用・参考文献

小笠原喜康（二〇〇九）『新版大学生のためのレポート・論文術』講談社現代新書

杉原厚吉（二〇一〇）『大学教授という仕事』木曜社

独立行政法人日本学生支援機構（二〇一〇）『平成二〇年度学生生活調査結果』
松野弘（二〇一〇）『大学教授の資格』ＮＴＴ出版
松野弘（二〇一〇）『大学生のための知的勉強術』講談社現代新書

（佐藤晴雄）

講座2

企業社会の「社会常識」

講座のポイント

一 「挨拶」は、チームへのサインプレーである。
一 「遅刻」は、いつでも組織に多大な損害を与えている。
一 「お詫び」は、その原因が取り除かれなければ「お詫び」にはならない。

キーワード

QOL　クレーム　敬語　コンプライアンス
上司・同僚・部下　遅刻　転職　日本的経営
ハラスメント　ホウ・レン・ソウ

1　会社に関する社会常識

(1)　複数の人が働く空間としての会社

社会的存在としての会社には二つの目的がある

近代企業（会社）は一九世紀に近代産業社会が成立して以来、私的利益の極大化という経済目的を達成するために存在してきたが、近年の企業の社会貢献（フィランソロピー）、ＣＳＲ（Corporate Social Responsibility：企業の社会的責任）論議の高まりにより、経済目的だけではなく、社会的目的を達成するためにも存在していることが社会からの要請となっている。

会社は、会社が設定した事業遂行を目的として人を雇用し、その人たちが効果的に事業遂行にあたるように組織を編み各組織の役割分担を定める。企業人とは、この会社、および、組織の集団の一員としての存在である。

企業人は、雇用されるに当たって、会社に対して忠実義務、誠実義務を負うものとみなされ、企業目的、および、事業遂行にはきちんと取り組まなくてはならない立場である。

そもそも会社は、単純に事業目的を掲げて漫然と業務を行おうとするのではない。当該事業遂行をもっとも効果的でもっとも効率的なやり方を通して、実現することを外的に強制されているのである。

会社は社会から評価されている

なにより会社は、業績という形で社会的に評価される。また、当該事業は一般には、競争者、競合者がいて競い合う状態にある。ゆえに会社は、必要最小限の投入コストと最短の行程を選択して適切に目的を達成するように仕向けられている。もっとも、どのようなやり方が適切であるかということは、その会社がある程度の客観的な判断材料を基にして主観的に決めているのであるが。

それはともかくとして、会社は、会社全体の業績を上げるためには、組織同士が機能分担をして、それぞれの役割を担う組織と組織の連係プレーでことにあたることになる。そして、組織と組織の関係は、階層的な構造で組み立てられている。それぞれの組織は、会社全体から、一定の権限と責任を分担し、一定の経営資源が配分される。

企業人は、会社のいずれかの組織に属する組織人である。企業人は、会社以外の人に対しては、当該企業の成員として認識され、かつ、そのような振る舞いが求められる。企業人は、会社の中では、配属された組織の成員として、その組織が会社の中で分担する権限と責任のもとに、配分された経営資源の中で振る舞うことになる。

職場とは、会社によって当該組織に配分された経営資源が実体化された空間のことである。企業人は、職場においては、当該組織に属する人たちのチーム作業として、職場での最良のパフォーマンスが求められるのである。

個人と組織の関係

かつて一九八〇年代に日本企業は、終身雇用制、年功序列賃金、企業別労働組合を日本的経営の基本要素とすることで、世界の企業社会の一つの成功モデルと看做されてきた。この経営スタイルは、企業に従業する人たちの企業への忠誠心を強固なものとし、企業への集団的で自主的な従業を実現して、日本的集団主義ともいわれた。これは、一方では、日本の自動車、電気など基幹産業での高度な生産体制と高い生産力を実現して、世界市場において抜きんでた競争力を獲得する源と認識されてきた。しかし、他方では、企業人が、ともすると私的生活を省みることを忘れ、かつ、社会生活の場面においても、集団主義的に振る舞うことや個人の主張を控えることによって、集団の論理に従うなどというマイナス面も指摘された。

しかしながら、二一世紀の今日では、日本的経営の特徴といわれた終身雇用制、年功序列賃金は大幅に変容している。また、産業構造もサービス産業とIT関係部門が肥大化して、職場の構造も多様化しており、企業人に対してもかつてのように集団主義的に埋没することはよしとされずに、独創的で個性的なアイデアや実行力などが求められる場面が拡大している。そして、何より、ワーク・ライフ・バランス、すなわち、企業で働くことと個人の生活の充実とのバランスが求められるようになっており、そのことが企業の社会的目的をめざしていく上では好ましいものであると認識されている。

つまり、企業人は企業組織の一員ではあるけれども、自立した市民、社会人であり、健全な個性ある人格として企業組織の一員となっているのだということを確認しなければならないのである。

（2）会社におけるコミュニケーションの重要性

フォーマル組織とインフォーマル組織

会社にはフォーマル組織（公式組織）とインフォーマル組織（非公式組織）がある。

フォーマル組織は、会社を経営するために公的に設けられたさまざまな部署のことであり、部署内部の業務指示系統はフォーマルに確定されている。各部署には特有の役割が担わされており、部署と部署との関係も規定されている。会社は、これら部署の総合力として事業を進めるのである。そして、企業人は、いずれかの単位部署に所属する組織人とされる。すべての企業人は、勤務時間中は当該組織のメンバーとして行動する。

例えば、企業の外から電話がかかってきたとしよう。電話の相手には、自分より上役の人の名前をいう時には、「○○さん」と敬称はつけずに、「○○」と呼び捨てにする。これは、企業の外の人に対して、電話で応対している自分と上役の人が同じ組織のメンバーであることを伝えつつ、確認しているからである。

このように、フォーマル組織には、会話などコミュニケーションにも、フォーマルな様式（ルール）がある。

しかしながら、どのような会社、組織でも人と人の関係で作られるものであるので、そこにはフォーマル組織以外に常にインフォーマル組織が取り囲んでそれなりに機能し、作用しているとみるべきである。

別の部署の仲良しグループで昼食時に談笑するなどは、インフォーマルなコミュニケーションの典型例であろう。また、例えば、同じ職場で、一つのグループが平準以上のよいパフォーマンスをあげるような場合には、こうしたインフォーマルな組織の機能が発揮された結果だとみることもできる。(1)

このように、実際の企業力は、フォーマル組織だけで完結するものではなくて、インフォーマル組織の機能も重要と考えられているのである。社風とか、企業文化とかいわれるものも、後者と重なるところがある。

フォーマルなコミュニケーション「ホウ・レン・ソウ」

会社におけるコミュニケーションには、フォーマルなコミュニケーションとインフォーマルなコミュニケーションがある。人の集団としては、どちらも重要であり、円滑なコミュニケーションのためにはどちらをも欠かすことはできない。

企業社会には、「ホウ・レン・ソウ」という言葉がある。学生生活には馴染みのない言葉である。「報告」、「連絡」、「相談」を略して結合させた造語であるが、大きな国語辞典の改訂版には掲載されるなど、企業社会ではよく使われるようになってきている。この言葉が企業社会におけるフォーマルなコミュニケーションを説明していて、絶妙であるからである。

会社とは組織行動であり、企業人とは組織に属する人であるから、組織人としては、まず、会社におけるフォーマルなコミュニケーションが体質化されていなくてはならない。

「ホウ・レン・ソウ」にいう「報告」とは、事業遂行のために任じられている業務の経過や結果を上司やチームに伝えることである。企業社会一般では「復命」ともいわれ、そもそも任じられている業務内容の一部を構成するものである。「報告」は、情報が一方通行で流れることではなくて、上司などが「報告」内容を理解し確認してはじめて「報告」の意味をもつ。ゆえに、上司がよく内容を確認できない場合には、何度でも報告を求めることになる。

「連絡」とは、相互に相談し合うといった内容を含み、当該事項について関係者が共通の認識をしているということが要件である。「連絡」では、情報の流れが常に双方向であり、こちらから「連絡」する事項もあれば、上司やチームから伝えられる事項も多い。その際に、当該事項について共通の認識が得られていることと、そのことが相互に確認されていることが要件である。

「相談」とは、目的をもって話し合うことであり、意見を述べ合うことが重要である。「相談」は「雑談」ではないので、目的、ないし、案件がある。「相談」の結果としては、何がしかの判断が下されることになる。「報告」と「連絡」が事実関係の咀嚼《そしゃく》に力点があることに対して、「相談」は、判断への展開に力点がある。

以上のように、組織が維持され機能していくためには、「ホウ・レン・ソウ」はいわば、身体を維持する上での血液にもたとえられるものである。

インフォーマルなコミュニケーション

インフォーマルなコミュニケーションは、フォーマルなコミュニケーション以外のすべてのコミュニケーションをいう。会社で雑談するのも、アフターファイブ（退社後）の付き合いも、すべてがインフォーマルなコミュニケーションを成す。現実には、どこまでがフォーマルなコミュニケーションで、どこからがインフォーマルなコミュニケーションに属するかという区分は、明確にはできない場合が多い。

インフォーマルなコミュニケーションは、フォーマルなコミュニケーションを補足する機能もあり、組織人の相互理解にとって不可欠な要素である。だから、インフォーマルなコミュニケーションが僅少では、チームとして業務遂行する上で不便であり、また、支障を生じることになるので、軽視することはできない。しかしながら、過剰ではかえって妨げになることがある。また、内容的にも「ホウレンソウ」と同じ項目が話題になったりすると、時としてインフォーマルなコミュニケーションの時にフォーマルなコミュニケーションの時とは異なった情報や見解が紛れ込むことがありうる。こうした場合には、職場のルール違反をもたらしてしまうことにもなりかねず、諫められるところである。

では、インフォーマルなコミュニケーションでは、どの程度の密度、どのような内容のコミュニケーションを心掛けるべきであろうか？　これに関しては、簡単に線引きをして規定することはできないので、結局のところ、日々その日のコミュニケーションについて思い返して自己評価し、翌日以降に生かしていこうという反省をするということを繰り返して体得する以外ないのである。そのためには職場の身近なところで自分が範とする人を見つけて、その人の言動を見習うことが常套手段である。

なお、コミュニケーションの内容で気をつけたいことは、個人のプライバシーに関する事項である。

当事者が自分で語る場合はともかくとして、一般には直接に相手、および、第三者のプライバシーに踏み込むことがないように節度を保持しなくてはならない。

(3) 社会人と法

企業も個人もすべて法治下にある

わが国は法治国家なので、企業(法人という)も個人もあらゆる行動はすべて法治下にあるものである。

法律というと、国会で定められたものだけを意味するかというと、そうではない。現実には、法律を運営する上で、さまざまな行政規則や通達などが出されており、これらは、行政権執行上の権限を有するものとして機能している。また、各自治体における条例なども同様である。企業活動のすべてにわたってこれらの法律と規則が張りめぐらされていると認識しなければならない。

法律は、全国一律であるが、条例は、地方自治の理念に基づいて各自治体ごとに決められている。条例には理念目標や罰則規定のないものもあるが、強制力や罰則規定のあるものも多い。そこで、場所(所在地)がかわると法令(及び、その運用の加減)が異なることがありうるので注意をしなくてはならない。

さらに、法規に明示されていなくとも、企業や個人の行動を自己規制すべきより本源的な規範として、倫理や道徳という概念もある。また、宗教に基づく倫理規範も尊重されなくてはならない。

企業とは、いうまでもなく世に尽くすことで社会的な存在価値が確認され、その見返りとして収益がもたらされるというものであるからして、企業が営む事業はこれら法令、倫理、道徳など社会規範に反することのない手法で展開されなくてはならないものである。

なぜ、法規違反は起こるのか

しかしながら、しばしば、マスコミでは、事業活動の途上で、法律違反などの企業不祥事が起こり事件化することがくりかえし伝えられている。一部では、当事者が法律違反を自覚するものもないわけではないが、これは犯罪行為であり、論外である。だが、はじめから法律違反を目論むものではないものが多いのも事実である。

これら法規違反による企業不祥事はなぜ起こるのであろうか？　その理由の一つには、法規はしばしば改変されるので、そうした変化に企業が気づかなかったり、事業の仕組みや手法の変更が間に合わなかったりする場合がある。二つには、法規の解釈に幅があるので、当事者の解釈が社会通念上の解釈、あるいは、行政権執行者の解釈と乖離してしまう場合がある。三つには、当事者が関係法規に無自覚であるために結果的に無視してしまうことがある[2]。

これらのことを避けるために、企業には、法務という専門部署を擁するところがある。また、専門の法律家と顧問契約しているところも多い。より一般的には、コンプライアンス・プログラムを掲げて、法令遵守や倫理遵守を掲げて指針を作成したり、啓蒙活動を推進したりするのである。コンプライアンスという言葉は、企業活動が、法令や倫理に従って、公正、公平に営まれることの重要性を確認する言葉で、近年の企業社会で普及してきた言葉である。

コンプライアンスの考え方がいきわたり、共有されるためには、前節で述べた会社でのコミュニケーションが活発に推進されていることが必要であろう（［講座6］参照）。

CSRとコンプライアンス

二〇世紀までの企業は私的利益の極大化という経済目的を中心に存在するという考え方が主であったが、二一世紀では企業は社会的目的を達成するために存在しているという考え方が世界的に広まっている。これをCSR（企業の社会的責任：Corporate Social Responsibility）というが、CSRとは、企業活動は、広い意味で社会の公正な発展に寄与するものであり、また、これを妨げるものであってはならないとする考え方を基本に、企業の社会的貢献を積極的に進めようとすることであり、さらには企業活動のあり方そのものをそのような方向に切りかえていこうと取り組むことである。こうした活動は、その企業の取引先にも同様のCSRを求めるものであり、そのためにも、コンプライアンス・プログラムは欠かせないものと位置づけられる。

したがって、現代の企業活動は、より幅広い観点からコンプライアンスの考え方を受け止めていかなくてはならない。

CSRは、単に企業理念として掲げればよいというものではなく、企業が存続し、発展を遂げていくためには、戦略的に取り組まれなければならないものである。また、CSRの前提としての社会環境そのものに対する認識の程度や社会的な関心事なども変化し進化していくので、CSRへの取り組み方も不断に進化していかなければならないところである。

2　会社における「社会常識」とは何か

(1)　挨拶の社会常識

人間関係の基本

人は、さまざまな人との関係におかれている。その関係は、親子兄弟といった血縁関係もあれば、友人知人の関係、近隣や地域の関係、趣味の会や同好同志の関係、あるいはネット上での関係、職場での関係などさまざまである。人は、それぞれの関係において、他の関係とは異なる関係性を結び維持しようとし、他の関係とは異なる振る舞いをし異なるコミュニケーションの仕方をする。

会社、職場には、そうした意味で、他の関係とは区別される特有の社会関係とそれを維持する社会常識があるとみられる。日常動作としての挨拶や敬語も、会社には他の関係とは異なる意味があるとすべきである。上司、同僚、部下との関係も、同様である。

会社での挨拶は重大な仕事

企業人とは、会社という組織に属する人である。会社は、その事業目的を遂行するために、それぞれの組織の機能分担を図り、各組織を階層的に組み立てて連結している。

企業人は、このように編成されたいずれかの単位組織に属し、会社内では、その配属された組織の一員として振舞うことになる。社内の社会常識とは、まずはこのように配置されたそれぞれの組織の役割なり特徴を理解することからはじまる。会社内での企業人とは、一義的には自分が所属している組織人としての人格であるので、その人の会社における振舞いは、当該組織人としての振る舞いが求められるのである。

企業人の一日は、「挨拶」からはじまる。企業人の「挨拶」の目的の第一は、チームメンバーとしての点呼である。第二は、ポジションの確認である。第三は、コンディションの確認である。この意味で、企業人は原則として声を出して「挨拶」をしなければならない。

第一の点について、企業人は、まず、出社して自分の部署に着くと、通例は「おはようございます」といって、先に職場に来ているスタッフに挨拶をし、挨拶をされたスタッフは、同じように「おはようございます」と返事をする。このやりとりは、組織人として自分が所属する組織の持ち場についてスタンバイしたという合図である。したがって、先着している他のスタッフに自分の到着が明瞭にわかるように「挨拶」をすることが肝要であり、また、他のスタッフから「挨拶」の返事が返ることは、「挨拶」をした人が持ち場についたことを確認したという認識を伝えることである。

しばしば、「挨拶は、大きな声で」という標語をみかけるが、これは、「挨拶」が、その人が持ち場についたことの報告であり、返事がそのことを確認したという報告であると理解できれば、音声認識のためには、物理的に大きな声でなければならないということが了解できるであろう。

フォーメーションとコンディションのための一次情報

第二の点（ポジションの確認）について、上司に「おはようございます」と「挨拶」をすると、通例、「おはよう」という挨拶が返ってくることがあるが、これとは逆に、上司から「おはようございます」と「挨拶」をされて上司に「おはよう」と「挨拶」を返す企業人はいない。なぜなら、「挨拶」という行為は、組織人としての関係を維持するための儀式、社交的儀礼の意味を持つからである。この例では、挨拶という行為に、職場での上司と部下との関係の確認作業が埋め込まれているということである。

そこで、当該部署やスタッフ同士で挨拶をしているところに立ち合うと、その人たちの当該部署における組織人としての関係が類推できるので、周辺にいる人たちは具合がよいのである。

この援用として、企業によっては、世間一般で用いられている「挨拶」用語とは異なったその会社独特の「挨拶」用語を用いるところもある。社訓や標語を音読したり暗誦《あんしょう》したりすることも含めて、これらことは、当該企業にとってはそれなりに意味のあることだと理解されるのである。

第三の点（コンディションの確認）について、上司は、毎日業務を開始するにあたって当日のチームのフォーメーションをそれなりに思量している。当日のチーム・メンバーのコンディションに関する最初の一次情報が「挨拶」である。上司は、日々の「挨拶」のやり取りを通して、スタッフの表情や言葉の抑揚などを観察しながら、その日の仕事の準備状況や取組体制を思量しているのである。

ちなみに、そもそもの「挨拶」の意味は、「挨」も「拶」も押すことであり、禅宗で押し合うこと、すなわち、そのやり取りを通して僧の悟りの深浅を推し計ることであるから、決して疎かにしてはならないことである。

以上のように、企業人の「挨拶」は、友人同士の親愛の情の表現行為とは、意味するところが異なるのである。

企業人となったら、その職場でどのような「挨拶」が飛び交っているか、よく観察してみることが必要であろう。(3)

(2) 敬語の社会常識

社会人の公用語としての敬語

社会人が使用する言語は、敬語が基本である。国語辞典には、敬語には、尊敬語と謙譲語と丁寧語があると解説されているが、実用的には、どの語でも友人たちとの日常会話とは異なる丁寧な言い回しになる。友人同士や家族で他愛のないお喋りをしている時の言葉づかいとまるで異なる。このことが重要である。

敬語を基本とする意味は、二つある。一つは、会話の内容そのものの誤解を避けるためである。二つは、会話の内容についての話し手の価値観表明に関する誤解を避けるためである。もう少し具体的に説明する。

第一の点、敬語では、会話の内容に関する誤解がミニマム化される点について説明する。

他愛のないお喋りでは、特に意味の無い発言者の感想などがワンフレーズで述べられたりする。主語や述語を欠いていたり、誰についてのことか、何についてのことか、不明なことも多い。日常会話では、これらを省略しても、不自由はない(4)。

しかし、会社での組織人同士の会話だとすると、誰についてのことか、何についてのことか、といったことが、話し手、聞き手双方で誤解無く了解されなくてはならない。日常語では、この点の基本的なリスクがあまりに大きいのである。敬語では、主語や述語や修飾語が比較的明示的な「書き言葉」のようになる。試しに、「ですます調」で、口に出してみるとわかりやすいであろう。このように、敬語を使用することで、話し手の表現上の誤解や聞き手の聞き取り上の誤りがミニマム化されるのである。

このことは、会話している当事者だけではなく、その周辺で会話を聞いている人たちにとっても、同様のことである。

コミュニケーションリスクの回避

次に、二つ目の点について説明する。人は、常に対象に対して少なからず好嫌の情を抱く。日常会話では、比較的ストレートにこの感情表現が込められる。また、同様に、自己自慢や他者批判が、比較的短いフレーズで表現されてしまいがちである。ストレートな表現や短いフレーズでは、それの意味するところの解釈に大きな幅があるので、発言する人の意図を超えた大きな誤解を生じかねない。

これが、敬語になると、対象に対するそうした好嫌の情や価値観の表明が相当に抑制されることになる。もちろん、話の内容に対象に対する好嫌の情や価値観の表明を込めたいこともある。その場合も、丁寧語であれば、その因って来たる所以であるとか、そのことの具体的な例証をあげるような表現の流れが自然と伴われることになる。敬語で会話することで、こうしたコミュニケーションメリットが付帯するのである。

(3) 上司に対する社会常識

主将兼監督としての上司

当該企業人が所属する当該組織の長たる直属の上司は、直接に業務の指示を発する人格であるとともに、当該部署全体のパフォーマンスに対して責任を負う立場の人である。

会社の業務は、繰り返し確認しているように組織活動である。長たる上司は、ひとえに組織の代表であり、業務執行のチーム・リーダーである。企業人は、この上司の指揮のもとで業務に取り組むのである。

上司と部下との関係において、会社として部下に求めていることは、「ホウ・レン・ソウ」を欠かさないことと敬語の使用である。その理由は、すでに述べた。

上司と部下とは、会社の中で何が違うかというと、権限、責任、情報量、裁量の視点が違う。例えば、部下がある業務の遂行にあたり、他のスタッフの加勢が必要で、それが適切だと判断する場合に、上司に相談し、提案したとすると、一定の判断が下されることになる。その場合には、提案者たる部下とは異なる判断結果もありうる。こうした場合には、上司の判断に従うこととなる。

意見の相違は、当該部署の経営資源に関する情報量の違いと、選択した結果に期待されるパフォーマンス（業績）の評価観の違いによることが大きい。上司は、当該部署全体の経営資源を常に把握する立場であるが、部下は、その一部を知る立場であるので、当然、判断に供されている情報量は相違する。また、当面の組織目標をどこに定めているかで選択する選択肢が異なることもある。目先の目標と中長期の目標では、当面達成すべきとするパフォーマンスが異なるからである。

もちろん、結果的には、常に上司の選択が提案者の提案より適切であるということはできない。しかし、仮に部下の提案内容が上司が選択した案よりも格段にすぐれていると部下が考えていても、部下としては上司の決定に従うほかないのである。当該組織の責任は、上司にあるからである。どのようなすぐれた案でも、その優劣判断は、提案者、ないし、部下の主観的な判断にすぎないと断じられるのである。

責任を負う立場

上司には、さまざまなタイプがある。業務を遂行する上で部下の自由放任を旨とするといい放つ上司もいるかもしれないが、これも上司の権限の範囲でそうしているわけである。上司は、その時々の部下という経営資源を考量して、そうした方が組織全体のパフォーマンスが高まることを期待するのである。

ちなみに、会社では一般に、人事異動がある。この際に、企業人は、勤務地（転任地）や職種の希望を申告する機会がある場合があるが、誰を上司に希望するか、ということを述べることはできない。上司は、会社が決めるのであり、部下では決められないのである（逆に、上司は、誰を部下とするかを希望することはありうることである）。

（4）同僚に対する社会常識

同僚への心掛け　同僚とは、自分が所属する組織と同じ組織に所属し、同程度の権限と責任を有しているチームメイトのことである。組織プレー上、もっとも身近でもっとも頼りとなる存在である。

同僚に対して心掛けておかなければならないことは、第一に、必要な情報、有用な情報の共有である。第二に、相互の役割分担に関する共通理解である。第三に、相互の個性に関する相互理解である。この三つは、同僚との信頼関係構築の基礎である。

同僚とは、相補いあって事に当たろうとしている同志である。事業遂行に必須で有用な情報は、各々の行動を企図する時の判断基準となる。入手している情報に過不足があると、それぞれの判断が異なってしまうことになりかねない。また、チームプレーである以上、さまざまなフォーメーションをとることになるが、その際にお互いのポジションをよく認識しておかなければ、良かれと思ったプレーでも間違えてしまうことがありうる。

個性の尊重　そして、チームプレーで重要なことは、互いの個性の尊重である。チームメイトの得意不得意を相互に理解していれば、チームでの各自の分担を相対的にそれぞれより得意分野で担当することが可能となり、チーム全体の能力があがる可能性が大きくなる。あるいは、チームとしてさまざまに判断が必要な場面で個性的な見解が述べられることは、物事を多面的に検討する上で有益である。

同僚とは、信頼関係で結ばれた間柄でなければならないが、嗜好や主義までが同じであることは不要である。むしろ、互いに違っていた方が具合がよい場合があるのである。

ちなみに、誰が同僚となるかは、自分では選ぶことができないし、通常は希望を述べることもできない。人選は会社がする。会社は、大学のサークルとは違うのである。

(5)　部下に対する社会常識

プレーイング・マネージャーとして　部下がいるということは、上司たる位置である。

上司の立場は、正直いって難しい立場である。部下と自分を含めた当該単位組織を所掌して、組織目標を確認し、組織内外の社内経営資源を動員して、所定のパフォーマンスを実現することの最終的な責任を負う立場である。

そうはいっても、経営陣であるわけではないので、部下の管理育成に専念できるわけではない。業務従業のプレーヤーとして、部下とともに業務執行上の分担も引き受けなければならない。いわゆるプレイング・マネージャーである。

上司として、部下に対して行わなくてはならないことは、第一に、当該組織の任務の明示である。第二に、組織内スタッフ（部下）の役割分担を確定させて、共通認識とすることである。その場合にスタッフの役割分担が明示できる部分と明示できない、いわばグレーゾーン部分がありうるが、そのことについてもあらかじめできる限り明確化されていることが望ましい。そして、グレーゾーンについては、その都度の判断を下していかなくてはならない。

第三に、当該組織が動員できる経営資源に関してある程度情報公開することである。この場合、同時に、それぞれのスタッフが動員することのできる経営資源の範囲を明示しなくてはならない。

以上は、上司の部下に対する直接的な指示であるが、上司は組織人として部下に対して、その他の重要な役割がある。一つは、部下の評価（人事考課）である。今一つは、部下の育成である。

部下の評価と育成

部下の評価については、各社においてさまざまな仕様があるので、その社の仕様に従うところである。

部下の育成についても同様に各社で定められているところがあるが、それ以外に暗黙的に、上司にプレーヤーとしての範を示すということが期待されているところも大きい。

上司としての部下に対する社会常識は、以下の四つの側面から成る。繰り返すと、第一は、部下が所属する単位組織の司令塔としての機能である。第二は、部下と同等に役割分担されたプレーヤーとしての機能である。この場合は、模範的なプレーヤーを期待されている。そして、第三は、部下をそれぞれに評価して上申しなくてはならないという上司の機能である。第四は、部下を育成しなくてはならないという機能である。

労働法の理解

ここで、上司たる立場に立つと、改めて必要必須とされる社会常識がある。それは、労働法の理解である。自分が、上司から指示される立場ではあまり気にすることもなかったかもしれないが、上司として部下を指揮する立場になると、その指示の内容が違法性を帯びていないことが大原則となる。一般に会社の雇用契約は、労働基本法を基礎とする労働協約や各種規則に基づいている。これらを踏み外して部下に指示を与えることはできない。しかしながら、多くの職場では、上司たる立場を得た人に対して、専門的な観点からの教育を制度的に設けて実施しているわけではなく、その職場の労働慣行に寄り添うだけであることが多い。この場合には、知らずに、労働法違反となる指示を出してしまわないとも限らないのである。会社においては、社会常識としての法令理解をすすめることが必要なのである。

大学のクラブ活動との違い

ちなみに、これら上司の部下に対する対応の基本は、大学のクラブ活動の場合とは本質的に異なるところが多い。

大学のクラブ活動では、部員は同好の志であるが、会社での部下はたまたま配属された人である。前者なら組織への帰属意識や自己研鑽への期待も高いであろうが、後者では、組織への帰属意識や自己研鑽への誘導は上司にこそ求められるのである。

また、会社の部署は、他の部署との連携関係の上に機能しているものであるので、部下の能力向上は、当該部署での期待に加えて、他の部署を含む会社全体から期待されるところである。すでに述べた部下の評価、育成は、この観点で行われる。

さらに、大学のクラブ活動は、最長で原則四年という期間限定の活動である。これに対して、会社は永続性と発展性がめざされている。途中で転退職もありえようが、当面の部下との関係においても永続性と発展性をめざそうという指向性を持っている。

3　会社でのコミュニケーション

（1）来客対応の社会常識

「外交」としての来客対応

来客対応とは、会社にとって二つの意味がある。一つは、会社と会社の立場を交えることである。国と国の関係に置き換えれば外交である。今一つは、会社にとって顧客対応である。どちらの場合でも、対応する本人は所属する会社を代表する立場となる。

しばしば、友人知人から引越しの挨拶にお近くにおいでの際にはお立ち寄り下さい、と案内されるが、こうした友人同士の親愛の情の表明たる来客、ないし、訪問と、会社での訪問客、あるいは、相手を訪ねての訪問は、まるで概念の異なるものである。

会社での来客、ないし、他の会社への訪問は、用務なり目的なりがある。自社の会社に他社からの来客があった場合、通常は、用務・目的があらかじめ告げられている。したがって、それに対応する人は、その用務・目的に適う人である。この場合、双方の権限の範囲が対応していることが必要条件である。

権限の範囲は、対応する人の肩書である程度判断できる。肩書とは、組織人としてのその人の所属部署とその部署における職制上の地位を表わしたものである。例えば、すでに取引のある会社同士であれば、取引金額が大きくなると、肩書の階層（職制上の地位）が上がる。取引関係がまだなく、初手の様子見の場合は、肩書のない（すなわち、権限の無い）平社員が対応することもある。この場合は、まだ情報収集の段階であるということになる。

こうした事前認識に基づいて、然るべき肩書の人が来客対応するのであるが、いざその場になった時に、話の内容が違っていたり、発展があったりした場合には、そのまま座を継続するのではなく、いったん中座して、一時散会とするか、別の肩書、すなわち、権限のある人と交代する、または、同席することが考えられる。

来客対応で、ある程度の取引関係の内容に踏み込むことが想定される場合には、その後に誤解がないように、お互いに複数名の同席のもとに接遇することになる。

以上のように、来客対応には、形式がある。国の外交に形式（プロトコル）があることと同様である。会社での来客対応の形式とは、どの部署のいかなる肩書きの人が対応するのかということと、複数名の同席者が要るかどうかということであるが、これらの形式如何《いかん》は、あらかじめ予測される会談の内容によって決められるのである。

なお、来客対応の結果は、業務記録として記録される。「ホウ・レン・ソウ」である。以上は、こちらから他社に訪問する場合にも同様である。

顧客対応の場合

次に、顧客対応の場合であるが、この場合は、あらかじめ話の内容が判明していないことが多い。そこで、まず第一に心掛けなくてはならないことは、顧客が申し出ようとすることの内容の正確な把握である。話のはじめは、聞き役に徹することが求められよう。

顧客来客の用件は、問い合わせ（質問）、苦情、提案、お褒《ほ》めのいずれかである。この場合の接遇で難しいのは、顧客は会社を代表して社員が向かい合っていると認識しているので、即時に会社のすべてのことについて対応可能であると思い込んで話に臨んでいることが多いということである。また、当事者たる顧客が認識する話の内容の軽重と、会社の社員が認識することの軽重とでは、齟齬《そご》があるということである。

したがって、顧客対応としては、よく聞いて、顧客の説明するところがどの分野（部署）のものでどのような性格（問い合わせ（質問）、苦情、提案、お褒《ほ》め）のものかを理解することと、そのことに顧客がどの程度の重大さを抱いているかということを推量することである。そうして、社内の然るべき部署につなぐことになろう。会社は、顧客対応の仕方をルール化しているところが多いので、それに従うことになる。要は、個人的な対応とみなさないことである。顧客と会社とのやり取りなのであるから。

（2）パワーハラスメントとセクシャルハラスメント

無自覚的なハラスメント　ハラスメント（harassment）とは、直訳すれば嫌がらせということである。しかし、単純な嫌がらせということではなく、パワーハラスメント（power harassment）は、職場の権限などを背景とした恫喝や差別行為のことである。また、セクシャルハラスメント（sexual harassment）は、性差を取り上げての恫喝や差別行為のことである。ハラスメントには、被害者と加害者がいる。

どの職場でも人間関係、人と人の付き合い方には、チームメイトとしての意識が共有されているので、悪意をもったハラスメントは、まったくないとはいえないが、生じにくい。

問題は、ハラスメントの加害者に、加害者としての自覚、意識がなく、むしろ被害者に非があると思い込んでいることがしばしばあるということである。職務権限上の上司部下の関係であると、特に、そうした無自覚的なハラスメントが生じやすい。

例えば、ある組織目標の達成のために、上司が部下を叱咤激励することは、ごく普通に行われることである。しかしながら、その際に、長時間拘束となる指示を出したり、人格攻撃と受け取られかねない発言などを繰り返すと、前者は、労基法違反の事態となり、後者は、パワーハラスメント行為となる。

セクシャルハラスメントの構成要件

また、セクシャルハラスメントでは、男性がしばしば女性の嫌がる言葉を口に出したりすることがある。この場合に、どのような言葉の投げ掛けがその女性にとって不快と感じるかということについては、必ずしも明確な基準があるとは限らない。男性が好意を込めて女性にお世辞を述べても、いわれた女性からすると謂れのない高い評価であるので女性差別であると、受け取るかもしれない。実際、こうした受け止め方は、主観的なものであれば、男性の側からはあらかじめ予測しがたいこともある。しかし、セクシャルハラスメントは、被害者たる当事者がどのように感じたのかということの問題であるので、加害者の主観がどのようなものであるかということは、関係ないのである。

もちろん、会社には、快適な職場を守る義務があるので、職場ではパワーハラスメントやセクシャルハラスメントの発生をなくそうと、相談窓口を置いたりや情宣活動などをしてさまざまに取り組みをしている。

それにしても一般に、世代が違うと、社会意識の形成時代が異なるので、身に付いた社会常識が一致しないということがありうる。職場で、上司部下の間で、世代が離れていたりすると、どこからがハラスメントかという基準が相違している可能性がある。性差（gender）の扱いについても同様である。職場内におけるスタッフの一人ひとりの価値観が多様化すると、相対的にパワーハラスメントやセクシャルハラスメントを発生しやすい環境となるのである。したがって、常に社会の動きと時代意識の変化に目を向け、職場においてもそうしたことの学習機会を用意することが必要なのである。

（3） お詫びの仕方

お詫びの原因事象を理解する

仕事を続けていれば、必ずミスが起こる。ミスの発生は確率の問題である。自分の不注意が原因であるミスもあれば、自分以外のチームスタッフが原因であるミスもある。どちらの場合も、そのミスは、わが事のミスであり、お詫びという行為の当事者となる。ゆえに、お詫びのルールを理解することは、企業人の社会常識として必須事項である。

お詫びというからには、何かしら相手に迷惑をかけたとか、誤解を与えたとか、損害が生じたとかなどの、マイナスの現象を生起させた事態がある。すなわち、お詫びの原因となる事象がある。お詫びは、この原因事象と対となっている行為である。したがって、適切なお詫びはこの原因事象に対する的確な理解に基づくのである。そこで、お詫びという行為に先立って、次の二面から原因事象が理解され把握されていなくてはならない。

第一は、この原因からのマイナスの現象の及ぶ範囲が理解されていなくてはならない。

例えば、書類への数値に書き間違いをしたとする。その書類を部署内で回覧中に直ちに同僚がミスに気づいて指摘してくれたとしよう。この場合は、ミスに気がつき指摘してくれた同僚への簡単なお礼で済ますことができそうだと思われるかもしれないが、そうとも限らない。誤った数値情報が部署内で共有されることで、部署全体がミスを犯すことになりかねないのであれば、部署内全体に謝らなくてはならない。部署全体とは、直截的には、直属の長が代表する。所属長にお詫びするのであるが、これは「ホウ・レン・ソウ」でもある。

その数値情報が当該部署から社内に出てしまった場合には、部署長が代表して社内にお詫びすることとなる。この場合には、当事者を帯同して所属長が一緒に社内をお詫び行脚するという形式もありうることである。要するに、マイナスの現象の及ぶ範囲によっては、お詫びの仕方が異なるのである。

第二は、この原因から生じるマイナスの現象の程度が理解されていなくてはならない。単に書類の数値の訂正処理で済んでしまい実質的なダメージがまったく存在しないことを対象とする場合と、事業などにダメージを起こしている場合とでは、お詫びの内容も様式も異なる。

前者は口頭でのお詫びで済むことが多いが、後者では、文書で再発しない約束を添えたり、ダメージに対する補償の意を表明したりすることが伴うこともある。

以上のようなお詫びの原因とそのマイナスの及ぼす範囲、及び、程度についての理解と認識を前提として、お詫びの行為の具体的な内容は次のように組み立てられているのである。

お詫びの目的と内容

改めて述べると、お詫びする目的は、お詫びする相手にお詫びしているということを理解してもらい、お詫びの原因事象の消滅を確認してもらい、原因事象生起以前の状態に復してもらうことである。つまり、お詫びは、自己目的であったり、儀礼的なものであってはならないのである。

ゆえに、お詫びはまず、相手に当方の謝罪の意が伝わらなくてはならない。第二に、相手側のダメージの程度に対して当方が適切に認識していることが伝わらなくてはならない。第三に、原因事象が発見されていること、確認されていることが伝わらなければならない。第四に、その原因事象が除去されていることを理解してもらわなければならない。そして、第五に、相手側のダメージが大きい場合にはその程度に対応する何らかの補償が用意されていることが伝わらなくてはならない。

お詫びというと、当人の感情（気持ち）を伝えるということが大事と思われがちであるが、その感情は理屈に裏打ちされたものでなければならないのである。

要するに、お詫びするという行為は、個人的に言葉尻を操作するということではなく、会社として事業活動の一環であるということをよく理解しなければならない。その会社でのルールに則った行為となるのである。以上は当事者にそれなりの非がある場合についてのお詫びを述べたものである。

クレーム、クレーマー問題

なお最近では、クレーム問題、クレーマー問題が増えているという。クレームとは、消費者から商品やサービスに対する苦情が寄せられることである。クレーマーとは、苦情を寄せた消費者のことである。(5) クレームそのものはありうるものであるが、これが問題とされるのは、第一に企業が対応を誤って問題をこじれさせてしまうことである。第二に、消費者からの苦情内容が無理難題である場合があることである。

第一の場合は、例えば、消費者からの電話での問い合わせに対して、結果的にたらい回しをしてしまう場合、消費者からの深刻度を理解し損ねてしまう場合、企業側の説明が丁寧さを欠いて不親切である場合とか、さまざまな状況がありうるが、要するに、消費者目線を欠いた対応となることで生じる。

これに対して、第二の場合は、多くが企業へクレームを寄せることを常習性とするものからのものである。これへの対応は、専門部署、ないし、社内の然るべき担当者が対応する。一社員が勝手に対応することは避けなくてはならない。

いずれにしても、お詫びやクレーム問題については、社内のルールがどのようになっているかを確認しておかなければならないことである。また、部署がかわると対応の仕方がかわることもあり、新しい経験が追加されてルールが変更されることもあるので、なにごともなくとも、時々は社内のお詫びやクレーム問題についてのルールを再確認しておくことが望まれよう。(6)

(4)　転職の常識

人事異動と転職

企業人、すなわち、会社勤めの目的は、通例幾つかある。人により濃淡はあるが、第一に生計の資（もとで）を得ることである。第二に、仕事そのものが、自己実現の場であり、仕事を通じてさまざま能力を磨くことである。第三に、仕事は、社会と関係する場であり、いろいろな人と知り合う場である。これらの目的を達成するための手段として、会社勤めがあるともいえる。

会社での人事異動、すなわち、同じ会社の中で別の部署に異動するということは、従業の分野・範囲が変わることになるので、上記の第二の目的、及び、第三の目的について、追加的な領域を得るということになる。また、上位職への昇進は、通例昇給を伴うので、第一の目的にも適うところであろう。

次に、転職について指摘する。よく会社の仕事に行き詰って転職を試みるという言い方を聞く。行き詰るといういい方は、現在の会社勤めが、上の目的達成手段として相対的に機能しなくなっていると感じるということである。

そして、現在の勤務先よりも、他の勤務先に転じたほうが、上記の目的をよりよい形で実現できそうであるという見通しが立つと、転職という選択肢が具体的に浮上するのである(7)。

転職のリスク

ただ転職の場合には、同じ会社の中での異動や昇進と異なり、不確定要素が相対的に大きく、かなりのリスクを伴うこととなる。転職の場合には、第一の給料処遇の面ではある程度事前に確認することができるが、その他については、推測するしかないからである。

本章でしばしば確認しているように、企業人として働く能力は組織人としてのパワーであるので、本人の力量と併せて当該組織の諸事情に左右されるところが少なくないのであるが、当該組織の機能性などは、そこに身を置いてみなければわからない部分が多いのである。すなわち、転職後に思う通りの能力の発揮ができるかどうか、より有効な社会との交流が広まるかどうかなどは、実際に転職してみなければわからないのである。この点は、同じ会社の中での移動の方が、あらかじめ予測しうるリスク範囲の確度は高いのである。

とはいえ、働く目的そのものに照らしていえば、同じ企業で勤めることと、転職してそれまでとは違う会社で勤めることとは、同格である。

では、実際に転職する場合には、どのようなことを社会常識として想定しなくてはならないのであろうか？

同じ会社での移動の場合は、所属組織の変更であるので、それまで使用していた会社の資産は、必要な範囲で整理するだけでよかったが、転職の場合には、すべて清算して直属の長に返還しなくてはならないのである。その際には、事業活動の遂行が遅滞なく継続されるように、引き継ぎ事項などを整理して、受け渡すことになる。特に、パソコンなどの中のデータなどの引き渡しは、きちんとすべきである。なお厳密にいえば、会社の肩書で受理した名刺なども会社の資産で個人のものではないとされる。また、同業種への転職は、雇用契約書に一定期間の禁止条項が謳われている場合があるので、留意しなくてはならないところである。

転職と職業移動

わが国では、長らく就職というよりは、就社という意識が支配的であった。大企業を中心に終身雇用制がとられていたことを与件として、特定企業に定年まで勤務を続けるという企業人スタイルが一般的と思われていた場合には、いわばその会社に所属することが自己目的化していたともいえよう。この時代では、転職、すなわち、会社を変わることは、前向きな印象をもたれなかった。

しかしながら、今日では、終身雇用制が崩れてきたこととあわせて、一方では、有能な人材を社内で適材活用したいとすることと並んで、社会全体として適材活用されるためには転職が推進された方がよいという考え方も広まっている。この場合には、転職は、その人にとって能力形成に積極的な意味をもつ。そこで、今日では転職という言葉に変えて、〝職業移動〟(occupational mobility) という言葉を使うようにもなってきている。

勤務評定とリストラ

企業が社員を雇用するということは、企業からみて社員が能力を存分に発揮できるように人事制度を整えるということと、社員に対する報酬制度(インセンティヴ)を用意するということを伴うものである。企業は、この人事制度、報酬制度を機能させていくために社員に対する勤務評定を行う。企業での昇進や昇格を含む人事異動、昇給や賞与の支給管理も、この勤務評定に基づいてなされることになる。

リストラクチャリング (restructuring)、略して〝リストラ〟という言葉が頻繁に使われている。本来の意味は、事業の再構築ということなので、事業構造の転換や調整、既存事業の拡大に伴う事業分割、新規事業の開拓と既存事業の縮小、あるいは、撤退など、企業は、普段にリストラを試みているということができる。こうした、リストラの一環として、人的資源の再配置も常に試みられているものである。広く解釈すれば人事異動もリストラの一環ということになる。そして、こうした人的資源の再配置のための基本資料となるのも勤務評定に基づく人事評価である。(8)

4　オフ・タイムの社会常識

(1)　通勤の常識

遅刻がダメなわけ

通勤時間は、勤務時間外であるが、通勤時間の確保に支障があって勤務開始時間に遅刻することは厳禁である。仮に大幅な遅刻がくりかえされる場合には、職務怠慢、ないし、就業の適格性を欠くとして解雇の対象とされることもありえる。

企業における遅刻は、大学の授業に遅刻することと意味が異なる。大学授業の遅刻で、実害があるのは本人である（教員も気が削がれるたり、配布資料を再点検したりという実害があり、また、授業が一時中断したりすることで、他の受講生にも実害は及んでいる）。

企業での遅刻は、多方面に実害が発生する。第一に、職場はチームであるので、誰が欠けてもチームとしてはスタンバイ（対応）できないことがある。この場合は、他のメンバーは遊休する。第二に、取引先などがあり、そことの応対に支障が出る。第三に、どこかと約束がある場合には、約束違反となる。決定的な場面では、損害が発生する場合もある。

第一のチームが遊休状態となる場合は、その時間に発生しているチーム全員分の労務費が多大なもので、その分の実質的な損失を招いているという見方ができる。また、この遊休時間分が原因となって、とりかかっている仕事の納期が守れないという事態ともなればその損失は計り知れない。第二の場合も同様である。取引先との連絡受発信が遅れたために信用を失したり、損害が出ることもありえる。第三の場合は、契約違反ともなりかねない。

以上のように、企業人は、遅刻、遅参は厳禁なのである。

通勤の基本

では、首都圏のように、公共交通機関でトラブルが日常的に起こっているところでは、通勤はどのように構えたらよいのであろうか？　それは、よく起こりえる交通トラブルの発生をはじめから織り込んで通勤時間を確保することである。実際、会社では、始業開始時間前にほとんどのスタッフが顔を揃えている。始業時間ぎりぎりに職場に飛び込んでくる人は、遅刻常習者となり、企業人失格とされるのである。

もちろん、日頃からあらかじめ交通トラブルの発生を見越して余裕をもって通勤時間を確保していたとしても、事故に遭遇して大幅に遅れる場合がないとはいえない。その時には、始業開始前に勤務先に電話で連絡を入れることになるが、あわせて、できれば復旧回復の時間を見越した会社到着時刻の見通しを伝えられれば具合がよいであろう。

なお、通勤にはあらかじめ複数のルートを承知しておくことが肝要であろう。そして時々は、その副ルートを試行しておくことも企業人の心得であろう。

通勤時間考

ところで、自宅から勤務先までの通勤時間は、勤務時間の外にある。形式的には、私的自由時間である。だが、そうだからといって、私的時間だと割り切ってよいということではない通勤途上は、企業人としての存在を纏《まと》っているともいえる。例えば、通勤途上で事故にあい怪我をした場合などは、労災保険の対象となる。だから、まったくの私的時間ともみなせないのである。

休日のオフ・タイムで企業関係者と遭遇した場合には、軽い会釈などを交わす程度であり、身なりなども互いに気にすることはないが、通勤途上で企業関係者と遭遇するときには、先方はすでにオンタイムの可能性もある。この場合には、それなりに企業人としての振る舞いと対応が求められることもありうる。要するに、気が抜けないのである。

また、想定されうることとして、取引先などに出向いたり、上司から使いに出されたりして、そのまま帰社せずに帰宅可能（いわゆる〝直帰〟）となる場合がある。この場合には、勤務時の服装と通勤時の服装とが異なると具合が悪い場合がある。

したがって、通勤中の服装なども、勤務中の服装、ないし、それに近い服装であることが無難である。

(2) オンとオフの境界線

オンとオフの境界

通勤時間は、右記のようにオンとオフの境界線上にある。

では、退社後の時間はどのように位置づけられるであろうか？ 通勤途上でない場合には、私的時間と割り切ることができる。(9)だから、同僚同士で飲食に出向くことは、形式的には、私的時間としての付き合いである。上司から誘われて飲食する場合も、同様である。誘いは、業務指示ではない。ただし、これに付き合うか、付き合わないかは、額面通り行きかねることもある。

勤務時間後をあてた上司からの飲食などの誘いは、組織成員間のコミュニケーションを円滑にしようという期待と効用がある場合がある。あるいは、インフォーマルに業務上のノウハウらしきものの伝授という意図がある場合もある。要するに無駄な時間だと割り切ることもできないのである。適当に付き合うほかないともいえるし、ケース・バイ・ケースだともいえる。当人の判断に委ねられるのである。

ただ、取引先などとの付き合いや接待などで、一定の役割を振られる場合には、実質的に業務の一環という意味がある。

会社、職場には、大小のさまざまなイベントがある。例えば、職場単位の歓送迎会、新年会、忘年会、創業記念日、運動会、社員旅行などは、すぐに思い浮かぶ。

創業記念日の行事などは、会社業務として執り行われるものであろう。また、忘年会など、職場の慣行で勤務時間を切り上げて催されることがあるものもある。前者は、会社業務の一環なのだから、仕事としてこれに参加するのは当然のことであるが、後者になると、参加の義務があるかどうかについては、判然としない。

かつてはこれらの会社、職場でのイベントには、全員参加が当然のことと思われていた時代があったが、今日ではそうした意識が薄れており、あらかじめ職場でスタッフの意向を聞いてなるべく多くのスタッフが参加しやすい形で実施するところが多いようである。また、有志だけの任意参加とすることも多い。

そうなると参加してもしなくてもよいわけであるが、参加するとメリットも大きい。通常の職場での雰囲気とは異なるので、同じ職場で働いている人たちのそれぞれの意外な側面を知ることができ、相互のコミュニケーションが図られる。また、個人的には行くことが無いような場所に行く機会となり、さまざまな発見がある。そして、なによりそのイベントそのものも楽しい体験であろう。これも社会勉強と割り切れば、人間社会の勉強の機会でもある。

休日のオフの時間

休日のオフの時間は、私的時間である。オフの過ごし方は、個人の自由裁量である。休養に充てるも、趣味に浸るも、家族と過ごすも、地域のボランティア活動に励むも、自己研鑽に努めるも、自由である。

欧米では、宗教を基盤とした日常生活が根づいているので、多くの人たちは日曜日の過ごし方は比較的に定型化されている。礼拝など宗教行事への参加が、そのまま地域のコミュニケーション活動となり、ボランティア活動への参加となり、演説や議論の練習舞台となり、道徳や倫理の学習機会となり、イベント企画のインターンシップとなっている。宗教が日常生活を律し、社会生活の規範を体得する場面として有効に機能している。

翻って、宗教によって生活が律せられることが希薄なわが国社会においては、オフの時間を個人で主体的に管理しなくてはならないといえよう。先に、会社や仕事が自己実現の場であるという認識を示したが、オフの時間もまた、別の意味で自己実現の場である。ＱＯＬ（クオリティ・オブ・ライフ＝生活の質）という言葉が普及し始めたが、ＱＯＬは、ただ漫然と享受できるというものではなく、当事者が普段に向上を意識する過程的なものだともいえる。オフ時間の過ごし方そのものが、ＱＯＬの内実であると認識するものである。

注

（1）経営学史上、インフォーマルな組織の機能が実証された事例として「ホーソン工場の実験」が著名である。これによって、人は経済的動機にだけ基づいて働くのではなく、その職場の人間関係が織りなす職場環境が重要であり、インフォーマル・グループが発見されたとされる。

（2）諸外国との取引や事業活動に絡むものは、それぞれ国の法規が関与するので、別途の考察が必要である。

（3）「朝礼」をする職場もある。「挨拶」と「朝礼」は概念的に区別される。「朝礼」は、本文で述べた「挨拶」の目的が補強されてもいるが、一般的にはそれだけではなく、当日の仕事の確認など具体的な目的が追加されているのである。

（4）例えば、日常会話で、「しょう油」と一言言葉を発することがある。この場合には、「しょう油を取って欲しい」、「しょう油が垂れているから気をつけて」、「しょう油を付け忘れていますよ」「しょう油を入れ過ぎと思います」などなどさまざまなシチュエーション（状況）が想像されるが、日常会話では、「しょう油」という一言でも不便はないのである。しかし、理解違いも多発していよう。

（5）クレーム（claim）を直訳すると「要求、主張」であり、「苦情」は“complaint”なので、この語は和製英語ともみなせる。また、クレーマーは、クレームを寄せた人を指す他に、本文中に第二のケースとした常習性のある人を指すことが多い。

（6）大手企業では「お客様相談室」という専門部署を設けているところが少なくない。また、その専門家のネットワークもある。消費者対応の具体相は、ＡＣＡＰ社団法人消費者関連専門家会議『新版お客様相談室』（日本能率協会［２００５］）を参照されたい。

（7）実際には「転職」理由として、仕事、ないし、職場が自分と合わないからという不適合を挙げるケースが多く見込まれよう。この場合は、企業人、ないし、組織人としての自己の位置づけが不明なままでいる人が多いと思われる。組織の目的なり、チームの役割なりを意識し自覚することに欠ければ、不適合は必至かも知れない。このケースは、本文では取り上げていない。

(8) マスコミなどでは、リストラという言葉は、もっぱら事業縮小や業績不振などによる人員削減策を指すように使われることが多いようである。

(9) 事故などに遭遇しても、あらかじめ届け出た通勤ルートを外れている場合には、労災保険の対象となりにくい。

引用・参考文献

阿部開道（二〇〇四）『必携！ビジネスマナー』西東社

荒川洋平（二〇〇九）『日本人のためのニホンゴ再入門』講談社

伊藤文男・児玉小百合・川喜多喬（二〇〇七）『大学のキャリア支援』経営書院

内田樹（二〇〇八）『街場の教育論』ミシマ社

大橋昭一・竹林浩志（二〇〇八）『ホーソン実験の研究』同文館出版

岡本亨二（二〇〇四）『CSR入門』日本経済新聞社

金井壽宏（一九九九）『経営組織』日本経済新聞社

川田茂男（二〇一〇）『社長を出せ！最後の戦い』宝島社

岸田民樹・田中政光（二〇〇九）『経営学説史』有斐閣

北村庄吾（二〇〇一）『退職・転職・失業生活裏表実践マニュアル』日本実業出版社

人事ブレイン総合研究所（二〇〇七）『新社会人のための人事のしごと』日本能率協会
社団法人消費者関連専門家会議（二〇〇五）『新版　お客様相談室』日本能率協会
高橋正泰・山口善昭・磯山優・文智彦（一九九八）『経営組織論の基礎』中央経済社
中窪裕也・野田進・和田肇（二〇〇九）『労働法の世界［第8版］』有斐閣
中島茂・秋山進（二〇〇三）『実践コンプライアンス講座　これって、違法ですか？』日本経済新聞社
日本キャリア教育学会編（二〇〇八）『キャリア教育概説』東洋館出版社
濱口桂一郎（二〇〇九）『新しい労働法』岩波書店
船津衛（二〇一〇）『コミュニケーション入門』有斐閣
本田由紀（二〇〇九）『教育の職業的意義』筑摩書房
本間啓二・金谷光彦・山本公子（二〇〇九）『改定キャリアデザイン概論』（社）雇用問題研究会
松野弘（二〇〇九）『環境思想とは何か』筑摩書房
松野弘・小坂隆秀編著（一九九九）『現代企業の構図と戦略』中央経済社
松野弘・堀越芳昭・合力知工編著（二〇〇六）『「企業の社会的責任論」の形成と展開』ミネルヴァ書房
丸山恵也（一九九五）『日本的生産システムとフレキシビリティ』日本評論社
山崎富治（一九八六）『ほうれんそうが会社を強くする』ごま書房新社

（茂木信太郎）

講座3
人付き合いの「社会常識」

講座のポイント

- 一日の仕事は挨拶に始まり、挨拶でおわる！
- 「ホウ・レン・ソウ」が君を成長させる！
- ストレスとうまく付き合え！

キーワード

挨拶　異文化コミュニケーション　聞き上手
コミュニケーション能力　ジョハリの窓
ストレス　セクシュアル・ハラスメント
組織風土　バーナード　山アラシのジレンマ

1　なぜ、「人付き合い」が必要なのか

(1)　組織内の「人付き合い」

社会に出るということは、起業するにしても、就職するにしても、何らかの組織に属し、そこにおいて仕事をし、社会に貢献することを意味する。そこで、そもそも組織とは何か？　について、確認してみたい。学問としての経営学を体系化したバーナードによると公式組織とは、①相互に意思を伝達できる人々がおり、②それらの人々は行為を貢献しようという意欲をもって、③共通目的の達成をめざす時に、成立する（Barnard＝山本他訳［一九五六：八五］）。これをさらに噛み砕き、重要なポイントを抜き出すと、ⓐ共通の目的を有し、ⓑ相互にコミュニケーションを行い、ⓒメンバーが「協働」を行うこと、ということになろう（飯野［一九七九：三三］）。共通の目的がない場合、例えば、通行人のような人々は組織ではない。共通の目的があったとしても、例えばスタジアムでのスポーツ観戦者はスポーツをみるという共通の目的があってもお互いにコミュニケーションをとっておらず組織とはいわない。共通の目的やコミュニケーションがあっても、ともにその実現のために行動しない限り、組織ではない。セミナーの受講者は一端解散したら組織とはいえないのがその例である。なお、協働という言葉はわかりにくいが、統制（指揮・命令）や分業（仕事の分担）といえばわかりやすいだ

ろうか。こうした行動も結局、言葉や文書による意思疎通である。つまり、お互いにコミュニケーションをとることは組織が存在していく中で不可欠なことなのである。

この「コミュニケーションをとること」すなわち、「人付き合い」といえる。人付き合いなくして組織は存在しないのである。

(2) 組織外との人付き合い

人付き合いが必要なのは組織内だけではない。組織がある以上、そこには対外的な関係が必ず発生する。組織には目的が必ずあり、目的達成のためには組織外の者や他組織と連携しなければならないからである。例えば、企業であるならば、顧客との関係は不可欠であるし、ＮＰＯにおいてもサービスを受ける者との関係や、自治体、地域住民との交流はなくてはならないものである。対組織との関係といっても、相対するのは担当者個人である。その人々とうまく付き合っていくことはやはり、「人付き合い」の一つである。

(3) 組織風土の醸成

さて、ここまで「組織」と一般論で述べてきたが、これからはわかりやすくするために「企業」を組織の代表として論じていく。組織にコミュニケーション（＝人付き合い）が必要だということは先に述べたが、企業内ではさらに重要な意味をもつ。日常の業務において同僚や上司、部下と付き合わねばならないし、他部門との調整も必要になってくる。この連絡がうまくいかないとビジネスは成り立たない。

そしてこのコミュニケーションにおいて、誰かが必ず最終的に意思決定をする。お客様から値引きの交渉を受けたとするなら、いくらまで下げるか、もしくはまったく下げないか、誰かが決めなければならない。最終的には社長が判断することになる。

こうした意思決定の積み重ねにより、この企業はどんな企業か、自然と性格が形作られてくる。人間に人格があるように、企業（≠会社）にも「社格」ができてくるのである。新しいことに慎重な企業、進んで新しいことに飛び込んでいく企業、自由な雰囲気の企業、堅い雰囲気の企業、さまざまである。こうした意思決定の内容はコミュニケーションによって全社に伝わり、その企業の意思決定のパターンができてくるのである。ある人がパターンに反した意思決定をしても、その上の人がパターンに合わせて意思決定を変えるであろう。こうした全社的な行動様式、意思決定のパターンを〝組織風土〟と呼ぶことにしよう（若干言葉は違うが、田尾［一九九九：一九一］参照）。

もちろん、全社的な風土の下に各部や課ごとに風土ができてくることもある。部長や課長の意思決定パターンもあるからだ。ただ、それでも最終的には社長の意思決定には逆らえない。そして、こうした意思決定の真意は紙に書かれた文書やメールより、双方向に質疑応答をすることによってはじめて伝わることも多い。口頭でのコミュニケーションが必要な所以《ゆえん》である。そして、組織風土ができ、確立し、次世代に引き継がれていくのである。

(4) 人付き合いの方法

人付き合いの方法は口頭でのコミュニケーションにとどまらない。上で述べた文書・メモ、電子メールによってもコミュニケーションをとることもできるし、口頭以外のコミュニケーションも可能である。言語によるコミュニケーションをバーバル (verbal) コミュニケーションというのに対し、言語を用いないコミュニケーションをノンバーバルコミュニケーションということもある。例をあげれば、「了解」という意味で手をあげる、うなずくなど身振り・手振りで意思を伝えることもできる。

朝の挨拶で「おはよう」といって、相手から「おはよう」と返されたら気持ちがいいものだろう。これは相手が自分とコミュニケーションをとりたいという意思が通じる（もしくは、少なくとも敵意はない）ということがわかるからである。乳児をみると大人はにっこりほほえみかけることが多い。乳児には自分に対する敵意がないからである。

逆に何も反応がないと、みんな自分に何らかの反対意見をもっているとか、受け入れられないのではないかと疑念が浮かぶ。こう考えると、挨拶のある職場とない職場とでは大きく雰囲気・風土が異なることがわかるだろう。挨拶が大事だということはよくいわれるが、その真意はこのようなところにある。

さて、コミュニケーションをとる時間は就業時間だけではない。就業時間外に食事やアルコールをともにする、昼食を一緒にとる。こうしたことを通じて職務に直結した話だけではなく、仕事や企業に対する姿勢など雑談の中から相互に理解しあえる部分もある。特に学生時代の友人で他企業に勤務している者とのコミュニケーションは自社の良い点、悪い点を認識する意味でも重要である。社内外の人的ネットワークの蓄積といってもよい。

このように人付き合いの方法・場所はいろいろと考えられる。しかし、学生諸君にいわせると「どうやって先輩達と付き合ったらよいかわからない」、「コミュニケーション能力が必要というけれど、どうやって身に付けたらよいのか」、などの疑問が寄せられる。次項でこの問題を考えていこう。

(5) コミュニケーション能力の向上

コミュニケーションの第一歩はこちらからから話しかけることだけではない。まずは、先輩・上司からの言葉を理解する「聞き上手」になることである。相手が何をいっているのかわからないところではコミュニケーションは成立しない。そこで重要なのがノンバーバル・コミュニケーションである。うなずく、メモをとるといったことを行って、わからないことがあればバーバル・コミュニケーションの必要がでてくる。質問する、復唱する（確認する）、といったことが必要である。これは社会に出る前にも十分訓練可能である。教員を相手に行えば良いだけのことである。

新入社員をはじめとする若手の時代なら、わからないことばかりなのは当然である。どんどん質問していくと「質問力」とでもいうべきものが向上する。何がわからないのかわかっていく、というのが第一歩である。

先輩や上司に話しかけるのは、出退社の挨拶を除き、自分に命じられた職務を遂行している時であろう。よく「報告」、「連絡」、「相談」（「ホウ・レン・ソウ」）という言葉を用いることがある（この言葉を最初に用いたのは実務家である山崎富治『ほうれんそうが会社を強くする――報告・連絡・相談の経営学』であろう）。うまく職務が進まないときは周囲に相談し、時々進捗状況を連絡し、最終的に報告するということである。こうしたときも日頃から人付き合いをよくしていれば気軽に話しかけやすい。

そして、上司・先輩に逆にいろいろ指摘され、それを通じて自分の能力が向上していく。自分の能力・限界は自分では案外わからないものである。他人に注意されねばそれでよしと思ってしまう。その意味で周囲からの注意・苦言は大変重要なものである。

(6) もし人付き合いがなかったら

これまで述べてきたように、もし人付き合いがなかったら、コミュニケーションがなかったら、自らの成長はなく、組織の一員としても組織に対して貢献ができないことが明確になったであろう。さ

表3-1　「ジョハリの窓」概念図

	他人が知っている自分	他人が知らない自分
自分が知っている自分	自分が知っていて、他人も知っている自分	自分は知っているが他人は知らない自分
自分が知らない自分	自分は知らないが、他人は知っている自分	自分も他人も知らない自分

出典：『現代の心理学』174頁より筆者改変

らにいえば仕事自体できないかもしれない。

しかし、どうしても他人と接するのが苦手という人も存在する。現実に隣の席の同僚（しかも席に着いているのに）にわざわざメールを送信する者がいるという。話しかければ済むことなのだが、話しかけることが苦手なのだろう。あるいは自分をさらけ出すことが不得手ともいえる。

もっとも、逆に「自分」とは何かを考えることも必要である。自分を理解するとはいかなるものか、次節で考察してみよう。

2　自分とは何か、相手とは何か

(1)　自分が知らない自分

人付き合いする際には相手がどのような人であるのか、気にしない者はいない。相手もそうであろう。**表3-1**はジョハリの窓といわれているものである。

すべての人間はこの四要素をもっているという。ただし、それぞれの象限の大きさは人によるとされる。

これによると「自分が知っていて、他人も知っている自分」は一番わかりやすい。コミュニケーションの第一歩である、自己開示（自分をさらけ出すこと）ができているからである。「自分は知らないが、他人は知っている自分」というと、自分の振るまいが他者からどうみられているか、理解できていないような状態をさす。例えば、自分は意識していないが、上司にへつらっているように外部からはみえるという例である。

「自分は知っているが他人は知らない自分」となると、意識的に他人に隠している部分ということになる。誰でも他人に知られたくない部分はあるだろう。「自分も他人も知らない自分」となると、これは無意識の領域になる。何か危機的な事態に遭遇したときにとっさに出てくるものではなかろうか。

こういう区分をすると、自分を知るということは案外難しいことに気づくだろう。そして他人を理解するということも難しい。ただし、難しいとばかりいってはいられない。自分を知り、相手を理解しようと努めることがコミュニケーションの第一歩なのである。その結果完全に理解できずとも相手には「理解しようとしてくれている」ことが伝わればそれでよい。

（2） 自分を知りたい自分

自分を知るのは難しい。しかし、知りたいという願望も強い。そこでさまざまな適性検査や性格検査が出回ることになる。ちなみに血液型性格判断や星占いは心理学上統計的な根拠はない、とされている（もっとも、人付き合いの観点からは血液型占いなど他人との話の切り出しとして利用することまで否定するものではない。ただし、日本人以外の人に血液型を聞くとけげんな顔をされることも多い）。

こうした心理学的な根拠をもった性格検査によると大体いくつかの類型にあてはめられることになる。その類型呼称もさまざまで自分のタイプはこれこれのタイプと示されると、納得し、わかった気分になる。確かにその検査では一つの結果がでるであろう。しかしながら、他の検査では当然別のタイプとされる可能性もある。

自分とは何か？　結論からいうと、これは本人が一生かけて問い続ける問題であるというしかない。ただ、それ以前に自分の特徴、長所・短所について理解しておくことは重要なことである。職務における得手不得手など単なる検査ではわからない分野をＯＪＴ（on the job training：実地訓練）など実際の仕事を通じて感得するのである。

（3）　相手を知りたい自分

人付き合いにおいて初対面の相手がどのような人物か理解しておくことは重要なポイントである。そこでジョハリの窓をもう一度みてみよう。まずは挨拶からはじまり、バーバル・コミュニケーション、ノンバーバル・コミュニケーションを多用しながら、相手方をＡ氏とすると、Ａ氏が自覚していない部分までこちらは判断していく。逆にA氏も自分のことをいろいろ判断していくことになろう。その中で双方が少しずつ相手方を理解しはじめ、より深い付き合いに入っていく。もっとも、苦手なタイプだと避けるようになるかもしれない。ここでよくたとえに用いられるのが、「山アラシのジレンマ」である（Bellak, L. =小此木訳［一九七四］）。寒い冬を想像してほしい。その中で二匹の山アラシがいる。お互いに近づけば暖かいことはわかっているが、近すぎるとお互いの針でお互いを傷つけてしまう。傷つけるのがいやなら、遠くにいるしかないが、それでは寒くて仕方がない。そこで、お互いに傷つけず、適度に暖かい距離を模索していくというモデルである。

もちろん、人間相互では「心理的距離」と読み替えてほしい。近すぎても相手は迷惑かもしれない。遠すぎると話ができない。ほどよい距離というものがあるはずだ。むやみに親しくすることは人付き合いにとってマイナスになることもあるのだ。ただし、何かのきっかけでこの「心理的距離」が近づいたり、離れたりすることもある。一緒に仕事をすることになって、自分が知らなかった相手の一面をみたりした場合である。

こうした意味から人付き合いは変化していく。また、そこがおもしろいところということもできよう。

3　文化的前提の違いと人付き合い

（1）皆同じ考え方をもっているわけではない

ここからは人付き合いの各論部分について論じていこう。よくある問題は、他人も自分と同じ考えをもっているということを前提として考えてしまう、ということである。これは仕方のない面もある。他人の価値観や思考形態が自分とは違う、ということがすぐにわかる、ということはないからである。

本講座の「**1**　なぜ『人付き合い』が必要なのか」のところで組織風土に触れ、思考のパターンという問題を指摘した。それと同じことが個人ごとにも存在する。筆者の体験でも、残業をしたのに、その残業時間を企業に申告しないといういわゆるサービス残業問題について、「なぜ、日本人は残業時間を少なくしか申告しないのか。同じ『うそ』をつくにしても多く申告する方が合理的ではないか」という留学生の反応があったことがある。確かに一理あるが、日本人の感覚としてはにわかに首肯《しゅこう》（うなづくこと）できないであろう。

人付き合い、コミュニケーションを考える場合、これは特に、重要なポイントとなる。それがもっとも悲しい形であらわれるのが「ハラスメント」（harassment）問題、特に、セクシャルハラスメント（sexual harassment）である。（注：「講座2」では、パワーハラスメントとセクシャルハラスメントについて記述されているのでそちらも参照していただきたい（八〇〜八二頁）。現在ではセクシャルハラスメントという言葉が一般的になってきたが、この言葉が公の文書で取り上げられたことはそう昔のことではない。いわゆる雇用機会均等法でも法律本文にはセクシャルハラスメントという言葉はでてきていない。厚生労働省の告示「男女雇用機会均等対策基本指針」（平成一九年一一月三〇日厚労告三九四号）になってはじめてセクシャルハラスメントという文言が出てくる。それまでは、例えば、平成五年には「女子雇用管理とコミュニケーション・ギャップに関する研究会報告書」が出されており、実質的な内容はセクシャルハラスメント対策であるのに表題としては「コミュニケーション・ギャップ」という文言を用いている。

セクシャルハラスメントという言葉がまだ一般的でなかった時代には、この文言の使い方は確かに巧みであった。ある行為に関して男性が特段「いやがらせ」をしようと考えていなくとも、女性が「いやだ」と感じたらそれはハラスメントと捉える余地がでてくるからである。認識のズレが存在するのである。

同様に同じ言葉を用いたり、態度を示したりしても性別以外の年齢、育った環境等によって相手によって捉え方も異なってくる。広くいえば、育った文化によって物事の捉え方や価値観が異なってくるのである。この違いに気づかないと人付き合いもスムーズには進まなくなる。

(2)　異文化コミュニケーションの難しさ

これに加えて国籍・民族の問題が入ってくるとさらに「人付き合い」は難しくなる。風習・宗教などの他の要因も大きくなるからである。宗教によっては食べられる肉や食べられない肉が決まっている。国によってはかわいい子どもの頭をなでると、その親が激怒することもある(聖なる頭をけがされたことになるから)。また、指のサインも異なることがある。

こうした異文化から来た人々との人付き合いは大変難しい。何が善で、何が悪か、という基準すら異なるからである。

前項の文化の違いも含めて、価値観の違う人々とどうコミュニケーションをとるか、まとめて考察してみたい。

第一に、違いに目を奪われず、共通点を発見することである。何から何までまったく異なるということはおそらく存在しない。共通する価値観・行動様式はどこかに必ず存在する。例えば、推測ではあるが、遠路から来た客をもてなす、ということは広く共通の行動として実行していることであろう。それに応えて感謝する、というのも共通の礼儀といえよう。もっとも、われわれにとって受け入れがたい食材が先方にとってごちそうだったりすると、そのもてなしを受けることはかなりの困難を伴うことも事実であるが。

こうした交歓、交流から人付き合いが始まり、お互いの共通点と相違点がみえてくるものである。

第二に、共通した目標をもつことである。ある組織の中に考え方の違う者がいても、その組織自体が共通の目標を有していると、目標に向かって考え方は違うが一致して行動することは可能となる。この場合、組織の構成員に目標を共有させるというリーダーの行動・資質は大きな役割を占める。具体的にいえば、ある営業課の売り上げ目標が一億円だったとすると、方法論は異なっても構成員それぞれが自分の目標を達成すれば問題はない。話を大きくすると、ある国内で意見がまとまらない場合には国外に敵を想定し、あえて戦争を行い、国内世論を統一する、ということも政治学上よくある話である。

第三に、表面上の付き合いにとどめ、お互いの相違点に踏み込まないことも一つの知恵であろう。すべての人間と仲良く人付き合いをすることは無理といってよい。組織に波風が立たないように付き合うのも一法である。ただし、これは一方的に相手に譲る、という話ではない。議論すべきところはお互いの相違点に留意しつつ、論じ合うべきである(そこに第三者がいれば仲裁役として望ましい)。

また、全員が同じ価値観・行動様式をとるということも不自然な状況である。同質性の組織は環境の変化に対応しにくい。異質な意見をどのようにとり入れるか。ハイブリッド(多様性をもった)な組織が環境の変化に対応しやすいことを念頭に置いて組織は運営されるべきであろう。

（3）人付き合いの濃淡

こうして考えると個人を基本におくと単に人付き合いといってもおのずから濃淡ができてくる。親しさの程度といってもよい。同じように接するといっても、言うは易く行うは難し、である。一方で自分も付き合うに足る人物か、周囲から評価されていることも忘れてはならない。

これまでは心理学的なアプローチを紹介してきたが、ビジネスの観点からすると別の見方もできる。人付き合いがうまい人、多くの人が集まってくる人については共通点がある。それは情報の発信量と、その正確さである。多くの正確な情報をもっている人のところにはおのずから他人も集まってくる。自ら情報を発信しない者のところには他人も寄ってこないのである。ギブ・アンド・テークという言葉があるが、ギブ・ギブ・ギブ・ギブ、そして、一つのテークがあると考えた方がよい。

情報を収集する時も同じである。情報が集まる人のところへ情報がほしいと思って寄ってくる者は多い。しかし、本人が必要だと感じる情報をもってこない者には知り得た情報を伝えることはないだろう。なお、これは金銭的な問題とは別である。欲しいのは金銭ではなく情報だからである。

その結果、有益な情報を有する者には他人が（相性とは関係なく）近づき、人付き合いも濃密になる。逆もまた、真なりで発信する情報がない者は人付き合いが希薄になっていくのである。

4　人付き合いとストレス

(1)　人付き合いは楽しいことばかりではない

以上の通り人付き合いに関する「社会常識」を一通りみてきたが、認識しておくべき点をおさらいしてみよう。

第一に人付き合いは組織内では不可欠である。これは相性の合わないものとも付き合わねばならない、ということでもある。これは心理的に大変つらいことであり、ストレス（≒精神的な圧迫感）の一因ともなる。それではストレスを解消しながら、あるいは、回避しながら人付き合いをいかに進めるか考えてみたい。

人間はさまざまな形でストレスを受けている。職場ばかりでなく、家庭にもストレスの種はあり、趣味の世界にすらストレスは存在する（趣味のスポーツで負けたときを想起せよ）。だからといってストレスは悪いものとは限らない。ストレスがない社会には緊張感は存在しないし、ストレスがあるからこそそれを乗り越えようと努力するという点も忘れてはならない。問題は「過度の」ストレスである。

ストレスが過度に蓄積してくると心身に影響を及ぼし、うつ状態に至ることもまれではない。そこでストレスの解消法をいくつか紹介しておこう。

①勝負とは無関係な運動・スポーツを行うこと

一人でできるウォーキングや純粋な運動としてのサークル活動はこの例である。勝った負けたという結果にこだわると逆にストレスの原因になってしまう。

②グチをいい合える友人を作ること

できれば社外の友人の方がよいだろう。利害関係がまったくないからである。社内の人付き合いの辛さを語るだけでも心は軽くなるものである。場合によってはアドバイスを受けることができるかもしれない。一人でストレスを背負うのは最悪のパターンである。

③社内で自己開示すること

前述したジョハリの窓において、考案したジョセフ・ルフトとハリー・インガム（この二名の名を取ってジョハリと名づけた）によると、できるだけ自分がどのような人物であるか、周囲に明らかにする（これを〝自己開示〟と呼ぶ）とそれだけでも気が軽くなるという。格好の良い自分を演じることなく、素のままの自分でいられるから、というのがその理由である。確かに「格好の悪い姿」をみられたら、あとは怖いものはないだろう。ただし、これは難しい。人間は誰でも格好の悪い姿をみられたくない。それをさらけだすことには大変な勇気が必要である。

④アルコールに頼る

いわゆるやけ酒であるが、これはお勧めできない。飲める人ほど酒量が増していき、肝臓などの

図3-1　管理能力の構造

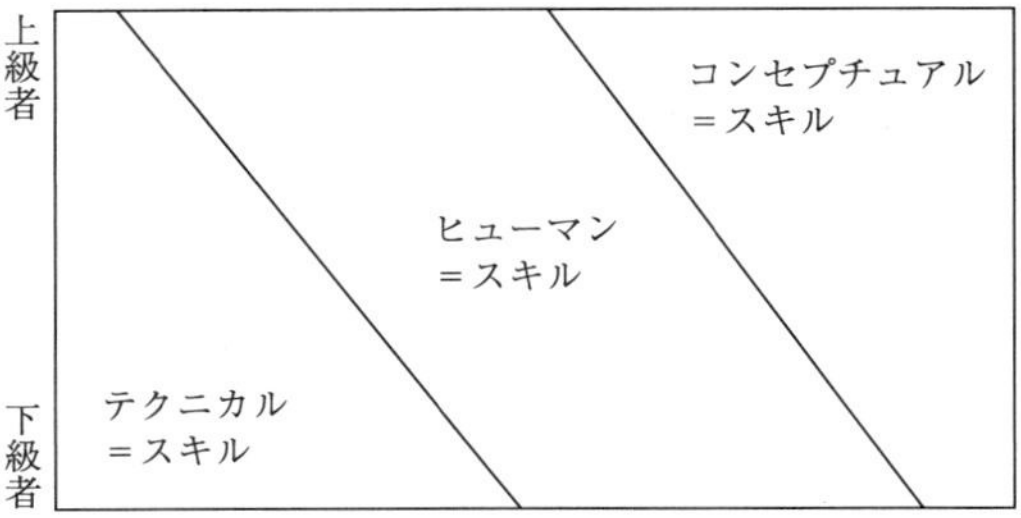

出典：『新：管理能力の発見と評価』92頁の表より筆者改変

内臓はじめ循環器系に悪影響を及ぼすからである。しかも根本的な解決にならない。朝起きたら、同じストレス状況が続くだけである。

人によってはもっとたくさんの解消法を並べるかもしれない。それらの中から自分に合ったストレス解消法をみつけるべきだろう。

(2) ストレスとうまく付き合うこと

以上のようにストレスから完全に逃げることは不可能である。その中でストレスといかにうまく付き合っていくかがポイントである。これは新入社員時代に限らない。会社人生全体を通じていえることである。

人付き合いも同じである。他人とうまくやっていく能力を対人関係能力とよぶとすると、カッツによれば、管理能力は図3-1のようになるという。

ここでいうテクニカル＝スキルは専門能力、コンセプチュアル＝

スキルは決断力などの狭い意味での経営能力を指し、ヒューマン＝スキルは対人関係能力を指す。下級者においては、テクニカル＝スキルは重要だが、コンセプチュアル＝スキルはさほど必要ない。上級者では、逆にテクニカル＝スキルはあまり必要ないが、コンセプチュアル＝スキルは大変重要である、ということを示している。

この中で注目すべきなのはヒューマン＝スキルはどの階層でも重要である、ということである。人付き合いは下級者から上級者に至るまで重要だといってよい。人付き合いなくして社会生活を営むことはできない。この観点から人付き合いにかかわるストレス解消がいかに重要か理解できるであろう。

以上、人付き合いについてまとめてきた。社会常識というにはいささか詳しく述べたかもしれない。しかしこれが現実の一事象なのである。大学生諸君が人付き合いをうまくこなして大成することを念じてやまない。

引用・参考文献

飯野春樹編（一九七九）『バーナード　経営者の役割』有斐閣
伊藤隆一・千田茂博・渡辺昭彦（二〇〇三）『現代の心理学』金子書房
佐野勝男・槇田仁・関本昌秀（一九八七）『新・管理能力の発見と評価』金子書房
田尾雅夫（一九九九）『組織の心理学（新版）』有斐閣

Bellak, L. (1970) *The Porcupine Dilemma: Reflections on the Human Condition*〔邦訳〕（一九七四）小此木啓吾訳『山アラシのジレンマ——人間的過疎をどう生きるか』ダイヤモンド社
Barnard, C. (1938) *The Function of the Executive*〔邦訳〕（一九五六）山本安次郎・田杉競・飯野春樹訳『新訳 経営者の役割』ダイヤモンド社
原岡一馬・若林満（一九九三）『組織コミュニケーション』福村出版
山崎富治（一九八六）『ほうれんそうが会社を強くする』ごま書房新社

（廣石忠司）

講座4

「コミュニケーション」の方法のための「社会常識」

講座のポイント

一　コミュニケーションとは感情の交流であることを忘れずに！

一　TPO に合わせた話し方、相手本位の聞き方で共感を生み出そう！

一　コミュニケーションが人間を成長させる。積極的に人と関わろう！

キーワード

聞く力　KY　コミュニケーション不全　コミュニティ　世間話　伝える力　ノンバーバル・コミュニケーション　話し言葉　パブリック・スピーキング　引きこもり　プレゼンテーション

1　「コミュニケーション」とは何か——意味と役割

（1）「コミュニケーション」がなぜ、必要なのか

書店にはコミュニケーションのハウツー本があふれている。どうすれば上手に話せるか、自分をアピールできるか、人間関係がうまくいくかを指南する書物が多数出版されるということは、コミュニケーションが苦手な人が多い証拠であろう。かつて作家の中島梓は、コミュニケーションが不得手な人々のありようを「コミュニケーション不全症候群[1]」と呼んだが、こうした状況はさらに拡大しているといえよう。

特に、若者のコミュニケーション不足は深刻な社会問題となっている。内閣府が二〇一〇年七月に発表した「若者の意識に関する調査」（全国の一五歳〜三九歳の男女五〇〇〇人対象、有効回収数三二八七人）によると、若者の「ひきこもり」が全国で推計六九万六〇〇〇人に上ることが報告されている。そのきっかけは、「病気」「職場になじめなかった」（ともに二三・七％）がトップで、「就職活動がうまくいかなかった」（二〇・三％）と続く。ここからは、仕事や就職に関する出来事が要因となって新しい環境で人間関係を築けず、家に閉じこもってしまう若者の実態が浮き彫りになっている。また、この調査では、将来「ひきこもり」になる可能性のある人たちを「ひきこもり親和群」と名づけてい

て、その数は全国で一五五万人にも達すると推計している。

若者の社会性の欠如、コミュニケーション能力低下はこれまで多くの識者が指摘しているが、こうした事態の背景として日本社会の構造的変化が考えられる。今の若者は豊かな社会に生まれ、成長してきた。その間、日本社会は都市化に伴い、伝統的な生活共同体（古典的なコミュニティ）が崩壊し、本来、人間の社会化の過程で重要な他者との交わりを彼らは経験することができなかった。さらには、インターネットや携帯電話などのコミュニケーション・メディアの進歩によってヴァーチャルな交流も日常のコミュニケーションとなっており、生身の人間と接する機会はますます少なくなっている。

その結果として、若者たちのコミュニケーションは仲間内にとどまり、表面的になってしまいがちだ。彼らの人間関係を象徴する言葉に「KY（空気読めない）」がある。この言葉は、ひたすら場の空気を読み、仲間外れにされまいとそれに合わせたふるまいが求められる若者の姿を表している。土井隆義は、摩擦を回避しようとする若者たちの人間関係を「優しい関係」と呼んでいて、彼らが絶妙な距離を作り出し、儀礼的に人間関係を希薄な状態に保っていることを指摘している（土井［二〇〇八：四七］）。若者たちは人との適切な距離を測ることが苦手だ。さらには、非常に狭い閉じた世界に生きていて、身近な存在に関心を示す一方で、それ以外の世界には関心が薄く深入りしない傾向がある。オタクはその最たるものであろう。

しかしながら、ひとたび社会に出たならば、時にはほとんど面識のない他者とコミュニケーションを図りながら、目標に向かって力を合わせる必要性が出てくる。日本経団連（日本経済団体連合会）の企業を対象としたアンケートにおいて、採用選考時に重視する要素の第一位が七年連続（二〇一〇年調査時点）で「コミュニケーション能力」であることからしても、社会におけるコミュニケーションの重要度がわかるであろう。

コミュニケーションとは社会の基盤となるものだ。人と人とのつながりが社会を形成しているのであり、コミュニケーション能力の衰退は社会の土台が揺らいでいることを意味する。従来こうした能力は家庭や地域によって育まれてきたものだが、両者の教育力が低下している今、意識的に学びとっていく必要があるだろう。

筆者は一八年間、アナウンサーとして取材やインタビューを通して人と接してきた。アナウンサー生活は、「人との関係をどうしたらうまく結べるのか？」というコミュニケーションをめぐる試行錯誤の日々であった。本章では、筆者自身の経験を踏まえながら、現在の大学生が身に付けるべきコミュニケーションの基本的な考え方と技法を述べてみたい。

（2）「コミュニケーション」の定義

まず、コミュニケーションという言葉の定義づけをしておきたい。試みに辞書を引いてみる。小学館の『精選版　日本国語大辞典』（二〇〇六）の「コミュニケーション」の項には、「特定の刺激によ

図 4-1　シャノンとウィーバーのコミュニケーション過程モデル

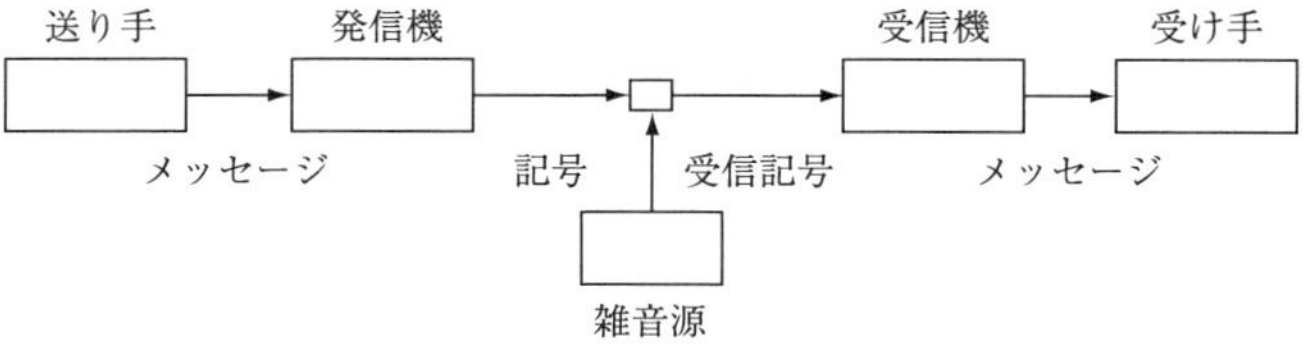

出典：『新版　マス・コミュニケーション概論』20 頁

って互いにある意味内容を交換すること。人間社会においては、言語、文字、身ぶりなど、種々のシンボルをなかだちとして複雑かつ頻繁な意味内容の伝達、交換が行なわれ、これによって共同生活が成り立っている」とある。つまり、コミュニケーションとは、ある意味内容が交換されることであり、ある人からある人にシンボル（言葉や文字）を介して情報がやりとりされることを意味する。

もう少し学術的に考えるとどうであろうか。コミュニケーションの定義については、社会学、心理学、言語学の分野を中心に、数々の定義が試みられているが、伝統的なコミュニケーションモデルとして有名なのがシャノンとウィーバーが提示した考え方（図4-1）である。一九四九年に発表されたこのモデルは、電話の仕組みを基に考えられていて、発信者にとって意図しない雑音の要素が入っているのが特長である。雑音とは通話中に聞こえるノイズや混線などであるが、大学の講義で考えると、学生同士のおしゃべりがそれにあたる。この雑音の存在によって教員から学生に話が伝わりにくくなってしまうというわけだ。

しかし、このモデルでは、情報は送り手から受け手に一方向的にしか流れ

図4-2　シュラムの円環型モデル

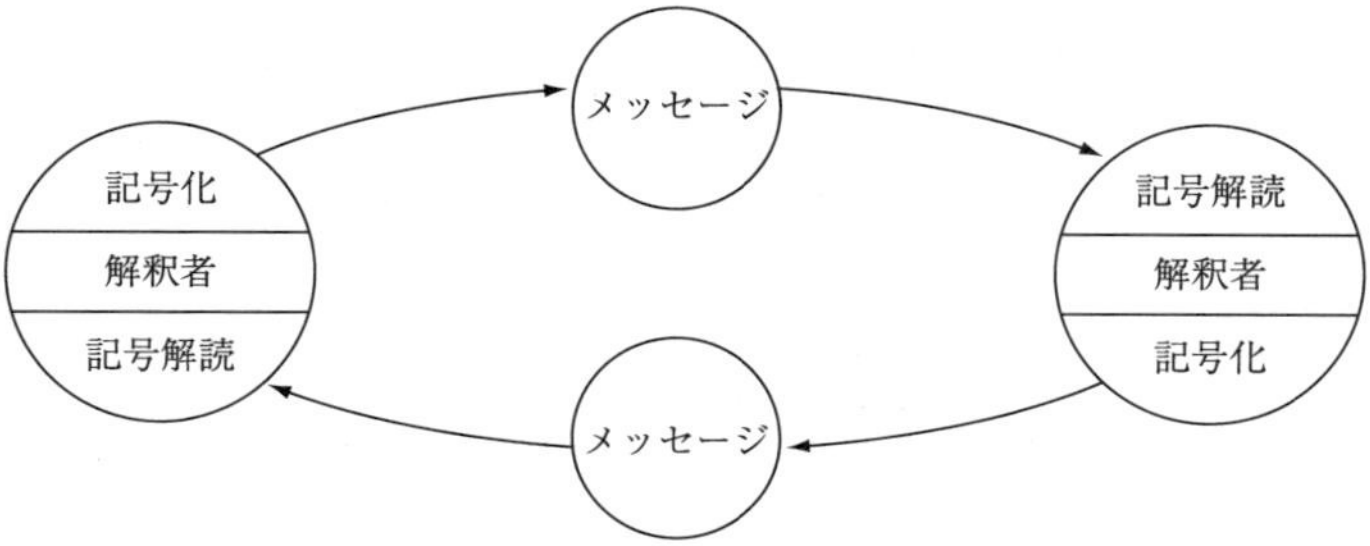

出典：『コミュニケーション社会学入門』12頁

ない。「誰が、何を、どのようなチャンネルで、誰に伝えるのか？」といった情報の伝達に焦点があてられていて、受け手から送り手へのフィードバックが考慮に入れられていないのである。そこで、受け手からのフィードバックも含めたモデルが考えられた。それがシュラムの円環型モデルである（図4-2）。このモデルでわかるように、コミュニケーションにおいては、情報の送り手と受け手とが入れ替わり、円環的に情報のやりとりが双方向でなされる。つまり、コミュニケーションとは送り手からの単なる情報伝達ではなくて、相互作用なのである。

この図のように、情報を伝達する送り手のみならず、受け手もまた、発せられた情報を読みとり、その人なりの意味づけや解釈を行っている。つまり、送り手の情報が受け手に意味が損なわれることなく完全な状態で伝達されることは不可能であり、そこにズレが生じてしまう。そうであるとしても、人々は相手に思いをできるだけ正確に伝えようと試みるわけだが、こうした点からすると、コミュニケーションとは相互作用によって新たな意味を作り出す過程といい換えることができる。

(3)「コミュニケーション」の目的

コミュニケーションを通して、人間がめざすものは何だろうか? コミュニケーションという言葉は「共同・共有」を示すラテン語のコムニス(communis)から来ているとされている。本来的には、コミュニケーションとは、情報の送り手と受け手との間で意味が「共有」されてはじめて成り立つものなのである。送り手自身が伝えたい意味内容を自分自身が「送れた」と思うだけでは不十分であって、受け手が意味内容を受けとり、「理解した」、「わかった」と認識することが条件となる。

実際の生活では、コミュニケーションにおいて「共有」すべきものは言葉の意味だけではない。齋藤孝は、コミュニケーションとは、「意味や感情をやりとりする行為」(齋藤[二〇〇四:一二])であると述べている。この考えからすると、コミュニケーションにおいては、話す内容を相手が理解することはもちろん大事だが、そのメッセージの裏側にある感情をも相手に伝わってはじめて「コミュニケーションがうまくいった」といえる。

感情が伝わって相手が共感してくれれば、心理的距離がぐっと縮まり相手は心を許してくれるだろう。そうすれば、友人関係が深まるであろうし、職場では取引先との商談もスムーズに進むかもしれない。人間同士の信頼関係は良好なコミュニケーションによって形成され、人々の生活を豊かなものにしてくれる。

(4)「コミュニケーション」の意義

プロローグで指摘があったように、「人間は社会的動物である」。この言葉は、人間は一人で生きているのではなく、人間の集合体である社会の中で生きている、つまりは、人と人との関係の中で生きていることを意味する。この社会では、人と人との関係が網の目のように張りめぐらされたネットワークが形成されていて、その中で人々はコミュニケーションを日々、営んでいる。

人間関係の束としての社会において、人々は他者とのかかわりによって成長し一人前の人間になっていく。生まれたばかりの赤ん坊は一人では生きていけない。親の庇護のもとで食事を与えられ、言葉をみようみまねで覚え、親以外の人間と接しながら大人へと近づいていく。

社会学の考え方では、人間の自我は他の人間とのかかわりの中で育まれるとされている。アメリカの社会学者であるC・H・クーリーは、他者とは自分自身を映す鏡のような存在であり、人間の自我は鏡に映る自己の姿を通して知ることができると説いた。人は他者が「私」自身をどう評価しているのかを知ることによって自分のあり方を理解し、社会性を身に付けていく（Cooley［1902＝1921］：船津［二〇一〇：四一］）。

つまり、人間の成長には他者の存在が不可欠なのであり、（原典引用）人は他者との相互作用の中で成長していく。[2] コミュニケーションとは他者とのかかわりで育まれるものであり、コミュニケーションの意義はまさしくそこにある。「ヒトとして生まれたきた私たちを、人間という社会動物へと成長させる大事なプロセスがコミュニケーション」(宮原［二〇〇六：三］)なのである。

(5) 現代人に求められる「コミュニケーション能力」とは何か

ここまで、コミュニケーションの定義、意義について述べてきた。コミュニケーションが人間形成において不可欠なものであり、人々を成長させ、豊かな社会生活の基礎となることは理解してもらえたと思う。

では、私たちに求められるコミュニケーション能力とはどんな力を指すのであろうか。筆者は二つの力が必要であると考えている。一つ目は、自分自身が思っていることを相手にできるだけ的確に「伝える力」(伝達力)、二つ目は、相手の言葉を理解し、他者の立場を尊重することができる「他者を理解する力」(他者理解力)である。

まず、「伝える力」とは、考えていることを言語化し、過不足なる相手に伝えることができる力である。心の中で思っていても言葉にならなくては相手には何も伝達できない。以心伝心は通じないのである。そして、「他者を理解する力」は、相手の立場になって物事を考える力であり、この力があればＴＰＯ(時・場所・場合)をわきまえた上でふるまいを調整し、相手との共感を導くことができる。

石井敏はコミュニケーション能力を「コミュニケーションの場において、相手を傷つけることなく、自分の目的を達成するに適したコミュニケーション行動をする能力」（石井［二〇〇一：二二四］）と定義づけているが、筆者が示した二つの力は石井の指摘とも符合し、コミュニケーション行動をスムーズに進めるための土台となる力を意味する。

2　「コミュニケーション」の技法——話し言葉を中心に

（1）話し言葉の特徴

いうまでもないが、コミュニケーションにおいて相手に情報を伝える主な手段が言葉である。同時に、言葉は私たちの思考の輪郭を明確にさせる役割をもつ。頭の中に浮かんでは消えていく思いをあえて言葉にすることによって自分自身の考えが整理され、形となっていく。そこで、本節では、コミュニケーションの手段となる言葉、特に、話し言葉について、相手に伝えるための方法を述べていく。

話し言葉とはどんな特徴をもっているのか考えてみよう。金田一春彦は、話し言葉の特徴として、線状性であることを指摘している（金田一［一九七七：一〇四］）。「線状」とは、話し言葉が音声であることから来るもので、話し言葉は話される順に聞き手に伝わり、話された順に前のものから消えて

表4-1　話し言葉の組み立て方

①簡単でわかりやすいスタイルをとること
②段落を多くとる。短いセンテンスの積み重ねで表現すること
③原則として、主語は言葉の初めに置くこと
④時間の流れに従って組み立てること
⑤適当なくりかえしをつけること
⑥表現するときには、言葉の間《ま》を考えることが大切

しまう性格をもつ。(3)　それゆえ、相手の頭に残らせるためには、話の筋の組み立て方を工夫したり、話の進め方を考えなくてはならない。さらには、話は時間の制限を受けることから、時間内に手際よく肝心なことをいわなくてはならず、話し言葉を用いる際にはその特性を踏まえた上で組み立てることが必要となる。

加藤次男は、話し言葉の組み立て方のアドバイスとして六点を挙げているので参考にしてほしい。それは**表4-1**の通りである（加藤［二〇〇一：二五―二六］）。

話し言葉の特徴を理解した上で、相手ができるだけ理解しやすいよう配慮しながら話すことが相手に伝わるコツである。

（2）「挨拶」行為の役割

最初の一言が出ずにそのまま沈黙が続き、何となく気まずい雰囲気になるという経験はないであろうか。「一言、挨拶をしておけば」と心の中では思うのだが、「いまさら声をかけるのも」と思い、結局、そのままになってしまう。

人と人が出会うとき、コミュニケーションを開始させる言葉が挨拶である。「おはよう」の一言が人間関係をスムーズに進行させる。挨拶とは、何らかの、気づかい、緊張感が伴う人間関係において、心理的な抑圧を解き放つ役割を有している。また、相手の存在を認める意志表示でもあり、相手に近づこうとする働きがある（加藤［二〇〇一：三三］）。

挨拶はその目的で二つに分類される。①相手の存在を認めるだけで終わる場合、②挨拶がきっかけでそこからコミュニケーションが始まる場合の二つである（加藤［二〇〇一：三三］）。①は、「こんにちは」、「おはよう」といった簡単な挨拶を交わす場合であり、相手を存在を認めることが目的なので、深入りはしなくてもいい。一方、②はそこからコミュニケーションがスタートする場合であり、会話の導入として挨拶があって、そのあと用件に入るケースがこれにあたる。この場合、挨拶に加えて何らかのプラスアルファーの言葉を添えると有効である。

（3）世間話の効用

普段、人々の会話を聞いていると、季節の話題やスポーツ、芸能人のゴシップなど、話の内容そのものはたわいのないものであることが多いことに気がつく。いわゆる「世間話」といわれるものである。話の中身はさほど重要ではないかもしれない。しかし、このような話は「話すことそのもの」が重要なのであり、人々のコミュニケーションの潤滑油となっていることも多い。

こうした行為は「毛づくろい会話」といわれていて、「とりとめのないことばのやりとりによる親密感の醸成、確認」（白鳥［一九九三：二］）の役割を果たしている。動物が相手の背中にまわって毛づくろいをするところからつけられたものであるが、人間の場合、こうした言葉が相手との関係を良好にする場合もあるから、「意味がない」とないがしろにしてはならない。何げない会話が人と人を結ぶ接着材の働きをしているのである。

挨拶や世間話は私たちの日常生活になくてはならないものである。言語学ではこのような言葉の機能を〝交話機能〟と呼んでいる。この機能は、人と人との接触状況において声をかけたり言葉を交わすことであり、行為そのものは儀礼的な営みに過ぎないが、話者同士の人間関係を確立したり維持する役割をもっている（橋内［一九九九：一六］）。

ただ、「世間話をしてみよう」と思ってもすぐにできるものではない。日頃からアンテナを高く張り情報を収集し言葉にする練習が必要である。毎日の生活の中で、体験したことや読書をして気になった言葉はメモし、自身の知識としてストックしておくとよい。

（4）「パブリック・スピーキング」の重要性

大学のゼミの発表、会社の会議での発言など、私たちにとって話をする場は、仲間内にとどまらない。公的な場で話すことは「パブリック・スピーキング」(public speaking) と呼ばれている。パブリック・スピーキングとは、「少し改まった場で、限られた時間に、話し手の意図することを、聴き手に正しく伝わるように話す話し方」（山田［二〇〇八：一四〇］）である。そこでは「語句の組み合わせ、意味構造にも、つねに相手に理解させるための配慮が払われた、丁寧で理性的なことば遣い」が必要で、「誰が聞いても理解されるように、気配りされたことば」（加藤［二〇〇一：二七］）を使うことが求められる。

改まった場で話をする機会は私たちにとってそれほど多くはない。だからこそ緊張もするであろうし、不安な思いにかられてしまう。あがったまま臨んだ本番では、まわりの雰囲気にのまれて「いいたいことの半分もいえなかった」という事態になりかねない。こうならないためには日頃からの訓練が必要となる。単なる「おしゃべり」とは違う公的な場での言葉づかいや話す順序、まとめ方を知っておけばあわてることはない。

(5)「パブリック・スピーキング」とそのポイント

山田匡一がパブリック・スピーキングの際に心がける点としていくつかのポイントをあげているので、それを紹介する（山田［一九九三：五七―六二］）。

まず一つ目として、「筋道を立てて的確に」伝えることである。何を話すべきか、話の目的をつかみ、わかりやすい表現で伝えなくてはならない。その際に必要になるのは、5W1Hをはっきりさせることである。「いつ、どこで、誰が、何を、どうした、なぜ」という要素を話に盛り込み、これらを順序よく話すことで聞く人は理解しやすくなる。

また、伝える内容については、①情報、②意見、③情感の三つを区別し、整理しておくことも必要だ。特に、③の情感がこもっていると、聞いている人は話し手に親近感をもってくれる。それにより、共感が得られ自分の思いが伝わりやすくなる。誰しも感動した体験を人に伝えたいと思うものだ。単なる事実の羅列ではなく、パーソナルな部分を伝えることは相手に印象づける効果をもたらす。

二つ目として、「何のために」、「どんな場面で」、「誰に話すのか」という三点を話す前に確認しておかなければならない。「何のために」とは、話す目的のことである。話の方向性や焦点を見定めておかないと、話しているうちに自分で何を話しているのかわからなくなり、当然、その場合には、聞き手は話し手の意図をつかむことが不可能になってしまう。「どんな場面で」というのは、話し手が「どんな役割を期待されているのか」を知ることである。話の場面を認識することで話すべきことが自然とわかってくる。それに関連して、「誰に」対して話すのかを確認することで、何をどのように話せばいいかが変わってくる。

こうした点を頭に置きながら、日常の言葉で、それでいて、丁寧な言葉づかいを心がけたい。また、話は簡潔に、そして、緊張しているとつい早口になってしまいがちだが、できるだけゆっくりと間をとりながら話すと相手に伝わりやすい。さらには、大勢の人がいるからといって大声を出す必要はない。声の大小や強弱、高低、話の緩急、間などで変化をつけながら、聞き手の反応を確かめながら話を進めていくようにしたい（梅津［二〇〇九：五一］）。

(6)「プレゼンテーション」の技法

パブリック・スピーキングの一つにプレゼンテーションがある（一般的には、略称で〝プレゼン〟と呼ばれることが多い）。特に、企業ではビジネスのあらゆる場面でプレゼンテーションを行う機会が増えている。社員一人ひとりが論理的に思考し的確な言葉で表現して相手を説得する「プレゼンテーション」能力が求められる時代になったのだ。社会人予備群である大学生もプレゼンテーション技術はしっかりと身に付けておきたいところである。

プレゼンテーションを改めて定義すると、「ある目的のもとで、限られた時間の中で、話し手が、ある事実や企画、考え方などの情報を、視聴覚資料を使って説明、伝達し、聴き手の判断や意思決定を助け、行動を促すなどの影響を与えること」（児島［二〇〇八：六二］）である。

つまり、プレゼンテーションとはある目的に沿って行われるものであり、最大限の効果を上げるための工夫が必要となる。脇山真治は、目的別にプレゼンテーションを五つに分類している（脇山［二〇〇九：一四］）。五つとは、①説得型、②情報伝達型、③動機付け型、④セレモニー型、⑤エンターテイメント型である。(4) この中には、単一の目的のみの場合と複数の目的が複合しているものとがある。プレゼンターとしては、担当するプレゼンテーションの目的を把握した上で話す内容を検討しなくてはならない。

プレゼンテーションを成功させるためには、話の内容の精査とともに情報を相手に伝達する技術

表 4-2　プレゼンテーションにおける話し方のポイント

わかりやすく	簡潔に	印象深く
順序よく ・全体から部分へ ・重要情報を先行させる ・項目で整理する	主題の明確化 ・主題を一行で表現 ・キーワードを提示	切り出しの工夫 ・話の第一印象をよくする ・意外性のある切り出し方
反応を確かめながら ・アイコンタクト ・呼びかけや質問	ムダを省く ・前おきのムダ ・繰り返しのムダ ・言葉グセに気をつける	メリハリをつける ・気持ちをのせて ・山場の盛り上げ ・音声表現の工夫
たとえを使う ・比喩や具体的事例 ・ビジュアル化	短く区切る ・ポイントを絞る ・饒舌をさける	印象に残る一言を ・熱いメッセージ ・最後の３分を大切に

出典：『コミュニケーション力』81頁より筆者一部改変

（説得力ある話し方やそれを視覚化する技術）も必要となる。

児島建次郎は、聞き手の人数や構成、会場の広さや所要時間などを確認した上で、話を組み立てる際には「序論・本論・結論」の三段階法や「起・承・転・結」の四段階法を用いることを勧めている（児島［二〇〇八：七〇―七五］）。構成を考える際にはどのパターンが最適かを考えて話の進め方を考えるとよい。

話し方については、「わかりやすく、簡潔に、印象深く」を心がけ、相手に印象づけたい（児島［二〇〇八：八〇］）。この三つの要素を表にしたものが以下の**表4-2**である。参考にしてほしい。

（7）正しい日本語を身に付ける

私たちが日々使っている日本語だが、正確に使えているかというと「自信がない」と感じている人が多いのではないだろうか。特に最近では、パソコンの普及で自分の手を使って文章を書く機会が少なくなっており、漢字を忘れてしまっていたり、慣用句を間違った意味で使ってしまっている場合も少なくない。

よりよいコミュニケーションのためには、正しい日本語を使い語彙を豊富にして表現力を身に付けておくことが大切である。日本語の細やかな表現を身に付けることは、相手の言葉を正確に把握できるのはもちろん、感情の機微を的確に表現することが可能となり、相互理解の基礎となる。

文化庁の「国語に関する世論調査」(平成二〇年度)では、「時を分かたず」、「破天荒」、「御の字」、「敷居が高い」といった言葉を違う意味で認識している人の割合が若者を中心に多くなっていることが報告されている。(5) 言葉とは変化するものであるが、できるだけ本来の意味を理解しておきたいところだ。

この他、敬語にも気を配り、尊敬語、謙譲語、丁寧語の使い方には精通しておくことが望ましい。敬語とは、相手の立場を尊重して使うものであり、相手との距離感を見極めながら適切に使わなくてはならない。大学生の場合、友達同士のなれなれしい若者言葉が日常語となっているであろうが、「〜みたいな」、「なにげに」、「っていうか」といった言葉を不快に思う大人たちは多い。日頃から言葉に気を配りながら話をする習慣をつけておくとよい。

3　効果的な「コミュニケーション」のための視点と方向性

(1)「コミュニケーション」の失敗例——なぜ、自分の意思が伝わらないのか

第2節では、話し言葉を中心として相手に思いを伝えるための技法を説明した。コミュニケーションでは、多くの場合、自分の思いを言葉として表現することで相手に意味内容が伝達される。しかし、本人自身は的確に言葉にしたと思っていても、必ずしも相手に伝わらないことも多い。こういったケースはなぜ、起きてしまうのであろうか？

宮崎聡子は、コミュニケーション・ミスが起こり相手に誤解されてしまう理由として二つあげている。一つは発信者の発信の仕方が不適切なケースであり、もう一つは、受信者の受信の仕方が不適切な場合である（宮崎［二〇一〇：三四—三五］）。発信者の問題としては、伝えたいことの整理ができていない場合、相手が話の骨子をつかむことができず、発信者の意図は伝わらない。また、受信者の問題もある。コミュニケーションが相互作用であり、受信者が意味づけを行う性格上、受信する側が発信者の意図通りに意味を理解できないこともあるからだ。

さらに、コミュニケーションを難しくしている要素に非言語情報の存在がある。「ありがとう」と感謝の気持ちを述べたとしても、ムスッとしていて表情が伴っていなかったらどうであろう。あるい

は、言葉のいい方に感謝の気持ちが感じとれないというケースも考えられる。言語と非言語が同じレベルになっていない時には受信者は混乱し、相手の発する言葉の意味の解釈が適切になされないのである（宮崎［二〇一〇：三七―三八］）。

本節では、言葉以外のコミュニケーションの手法であるノンバーバル・コミュニケーションや話の聞き方、そして、相手とよりよい関係を築くための心がまえについて述べ、本章のまとめとしたい。

（2）「ノンバーバル・コミュニケーション」の役割

日頃、私たちは言葉だけでコミュニケーションしているわけではない。非言語のコミュニケーションいわゆるノンバーバル・コミュニケーションに頼っているケースも多い。日々のコミュニケーションでは、音声化されない表情やその人の態度、動作などの非言語情報も時には言葉以上に重要な役割を担っている。

バードホィステルによると、対人コミュニケーションで言語メッセージが占める割合は三五％程度で、それ以外の六五％は非言語メッセージであるとされている。また、メーレイビアンは、人に対する表現において、全メッセージのうち言語からのメッセージは七％に過ぎず、三八％が音声の特徴、残り五五％が顔の表情であると報告している。実にメッセージの九三％が非言語情報であるのだ（石井［一九九六：九一―九二］）。つまり、人々は、話の内容よりも、声やそのトーン、大きさ、言葉づかいなど、その人の雰囲気を話の評価のポイントにしているということである。

特に、五感のうち、人間にとってもっとも情報量が多いのが視覚からの情報である。人間の情報のおよそ八割が視覚から入るといわれていて、視覚情報によって相手に好印象を与えればコミュニケーションの質が高まることになる（宮崎［二〇一〇：四〇］）。とりわけ大切なのは、第一印象だ。第一印象は三秒で決まるといわれていて、その印象はずっと後まで続いてしまう（宮崎［二〇一〇：四一］）。その際たるものは服装であり、相手にいい印象づけをするためには、その場にあった服装でなくてないけない。例えば就職活動を考えてみよう。Tシャツにジーンズで面接会場に行ったならば、面接官はどう思うだろうか。服装は重要なコミュニケーション・ツールとなっている。そのためにもまず「見た目」の服装には細心の注意を払いたい。

さらには、人に会うときにはイキイキとした表情をしていたい。コミュニケーションとは相手の五感に働きかける行為であることを考えれば、服装や表情で自分自身をプロデュースし人に好感をもたれる工夫をすることも、よりよいコミュニケーションの条件となろう。

（3）「聞く」ことの意味と重要性

しゃべり上手の人は、「聞き上手」でもあるといわれる。しゃべりのプロであるアナウンサーは、一般にしゃべる人と思われているが、実は「聞くこと」も重要な仕事である。例えば、インタビューを考えてみよう。インタビュアーの質問が長く、しゃべってばかりではインタビューにならない。時々、スポーツ選手のインタビューで、アナウンサーが興奮気味に長々と質問し、選手が「はい」「そうですね」で終わってしまう例をみかける。これが悪いインタビューの例である。

すぐれたインタビュアーは、上手に相手を誘導し気持ちよく話させ、終わってみると本音を引き出しているものだ。このような聞き上手になるための技法は私たちの日常生活でもぜひとも身に付けておきたい技術である。日々のコミュニケーションにおいては、話すこと以上に、相手の言葉を受け止める「聞く力」が求められている。聞き手が相手の言葉を理解しようとする意志がなければコミュニケーションは機能しない。話し手の言葉をしっかりと受けとめ、積極的に聞こうとする姿勢が不可欠なのだ。

「きく」は漢字によってその意味合いが異なっている。まとめてみると以下の通りとなる（井上［一九九三：三三―三四］）。

①「聞く」　音や声などで感じ取ること
②「聴く」　人の言うことを理解し、心に受け入れること
　　　　　注意して耳に入れること
③「訊く」　答えを求めて人に尋ねること

私たちに求められているのは、「聞く」よりも一歩進んだ「聴く」姿勢である。この場合、「聞く」行為は能動的となり、注意して人の話を聞く状態となる。さらには、「聴く」能力が身につくと、今度は相手に対して「訊く」ことができるようになる。疑問点を相手にぶつけることでより正確な情報を得ることができるようになる。

私たちは意識的に、「聴く」、さらには「訊く」トレーニングをすることによって「聞く力」を養うことができる。相手が話す内容をより深く理解するためにはメモをとることも効果がある。

(4)「聞き方」の極意

聞き方ひとつで相手は話しやすくもなるし話しにくくもなる。話すことと同様、「聞き方」にも技術がある。ここでは、聞く際のテクニックとして、うなずくこと、相づちを打つことの大切さを指摘しておく。

「うなずき」や「相づち」は、相手に「聞いてますよ」というサインを送ることになり、相手は安心して話をすることができる。話し手にとっては聞き手がいい加減に聞いているというのは直感的にわかってしまう。筆者はアナウンサー時代には、ゆっくりと心を込めてうなずくようにしていた。目線をそらして手元にある原稿に視線を落とすだけで、話し手は「興味がないのでは」と察してしまう。日常の会話でも「うなずき」の効果は大きく、相手の目をみながら首を縦に振るだけで相手はずいぶん話しやすくなる。

さらには、聞き手は相づちを挟みながら、相手が気持ちよく話せるよう心配りをするとよい。「相づち」には、「はい」、「ええ」などの単純な相づちのほか、相手のいったことをくりかえす「反復の相づち」や「要約の相づち」、そして、「感情推察の相づち」がある（宮崎［二〇一〇：七九―八二］）。最後の「感情推察の相づち」とは、「大変でしたね」、「楽しそうですね」など、相手の気持ちを推し量りながら感情表現の言葉を口にするものである。こうした「相づち」を場面場面で使い分けると相手との距離が縮まる。このほか、相手が話の方向性を失っていると感じた時には誘導してあげるのも聞き手の役目だ。

(5) 相手本位の「コミュニケーション」への転換

これまで対人コミュニケーションにおける話し方、聞き方について解説してきた。ここでは、その際の前提となる心がまえとして、常に相手本位の気持ちをもつことの大切さを指摘しておきたい。相手本位とは、「奉仕、サービス、いたわり、思いやり、気配り」といった言葉に代表されるもので、要するに、相手を尊敬し、その存在を認めて、深い関心をもつことである（塩原［二〇〇三：一六五］）。その反対の言葉が「自分本位」である。人と接する時には、常にひとりよがりになっていないか相手本位に考える習慣をもってほしい。

かくいう筆者は二〇代前半のアナウンサー時代に取材で苦い経験がある。大学野球の有名監督に電話で話を聞こうとした時だ。話のネタを集めたいあまりに相手がどんな状況であるのかも確認せず、電話がつながるや否や矢継ぎ早に質問したところ、「マスコミの人はなんでこうもせっかちなんだ」とたしなめられてしまったのだ。こうした失敗をしないよう、常に、相手の状況を推し量るだけの想像力と余裕をもちたいものだ。

特に、ビジネスの世界では、「相手本位」の姿勢は必要不可欠である。これまで数々の会社を立て直してきた藤巻幸夫は、コミュニケーションでは、スキルのみならず「向き合った相手と信頼関係を築くこと」、「多くの人と協調する関係をつくれること」が求められているのであり、そのためには、「相手の力になりたい」、「喜ばせたい」との思い、つまり、「ホスピタリティ（もてなし、思いやり）の精神」が必要なのだと強調している（藤巻［二〇一〇：二〇―二一］）。

コミュニケーション能力はテクニックだけではない。小手先ではなく、常に相手を思いやる「心」をもつことがよりよいコミュニケーションの近道ともいえる。

(6) 効果的な「コミュニケーション」のための技術と方法

本章の最後に、効果的なコミュニケーションのために必要な技術についてまとめておく。その技術とは、①自己理解スキル、②自己形成スキル、③意思伝達スキル、④共感スキルの四つである。この四つのスキルは相互に関連するもので、どの力が欠けてもコミュニケーションはスムーズには進まない。それぞれのスキルとはどのような力なのかを述べた上で、これらの力を伸ばすために何をすればいいのか例をあげてみる。

①「自己理解スキル」

人間は他者との関係性の中で生きている。他者との関係を深めるためには、まず、自分を知らなくてはならない。自己とのコミュニケーションいわゆる「内省」は自己を対象化することで自分自身を知り、自分自身を作る第一歩となる。それは他者理解にもつながっていく。自分を見つめる経験は就職活動の面接にも生きてくるであろう。

・これまでの人生を振り返り、「私」の物語を作ってみよう
・自分の短所・長所は何かを考えてみよう
・学生生活で得たものをまとめてみよう
・将来の「自分」を想像し、どんな「自分」になりたいのか考えてみよう

②「自己形成スキル」

相手に思いを伝えるためには多くの情報をインプットしたり、さまざまな経験をすることで自分自身の力を磨かなくてはならない。語彙を増やしたり言葉の適切な使い方を身に付ければ表現力が

豊かになるであろうし、好奇心をもって貪欲に知識を吸収することによって自己を高めることができる。魅力的な話し手はたくさんの引き出しをもっているものだ。

・幅広い分野の読書をしよう。読書ノートを作ってみよう
・メディアに接する際は批判的な目をもとう
・メモを取ることを習慣化しよう
・積極的に人と会って話をしよう、質問をし、情報交換をしよう

③「意思伝達スキル」

インプットした情報や知識をわかりやすく相手に伝える力が「意思伝達スキル（技能）」である。情報を血肉にするためにはアウトプットが必要である。相手が理解しやすいよう工夫をして話をすることで自分自身の知識として定着する。また、話の内容を過不足なく相手に伝えるためには適切な言葉づかいが求められる。前に述べたとおり、受け手へのメッセージでは言語情報のみならず非言語情報も重要な要素となる。相手の五感に訴えて思いを伝えたい。

・一分間（あるいは、三分間）で自己紹介をしてみよう
・話す際にはまず、全体像を説明した上で、枝葉の話に移行しよう
・興味のある新聞記事を選び、それに対して、意見を述べる訓練をしよう
・話す際には表情、声のトーン、抑揚、メリハリ、間などに気を配ってみよう

④「共感スキル」

コミュニケーションとは共同作業である。自分自身では上手にしゃべれたと思ってもそれが相手に受容され何らかの行動に結びつかなくてはコミュニケーションがとれたとはいえない。コミュニケーションを通して相手の共感を導き、信頼関係を築く力が必要となってくる。それが「共感スキル」である。この力は相手本位の気持ちをもちながら人に接し、相互行為としてのコミュニケーションをより豊かなものにするスキルである。

・話の中に自分自身の「人となり」が感じられる言葉を入れこもう
・相手が何を求めているのか、どこまで話せばいいのかを判断しよう
・常に聞き手の反応を確かめながら、相手が理解できるよう話そう
・互いの共通体験など共通の話題をみつけよう
・相手の魅力をみつける努力をしてみよう

こうした力は一朝一夕に身につくものではないが、日頃から心がけていれば着実にコミュニケーション能力が向上するはずである。社会人になってからあわてないために、スキルアップに今のうちから取り組んでほしい。

最後になるが、本章では、人と人とをつなぐ「コミュニケーション」について、語句の意味からは

じまり、目的や意義、技法をできるだけ具体的に述べてきた。「コミュニケーション不全」が叫ばれる現代であるが、本来、コミュニケーションとは人々に喜びをもたらすものである。もちろん、人と人との関係では時には摩擦が生じ嫌な思いもする場合もあろう。しかし、だからといって、自分の殻に閉じこもっていては人間的な成長は見込めない。よりよく生きることは、よりよいコミュニケーションをすることだ。本章での指摘を参考にしてもらい、多くの人と接する中で、ぜひとも自分を知り、他者を知り、その関係を深化させてほしい。

注

(1) 中島がいう「コミュニケーション不全症候群」とは、他者に対する想像力が欠けていたり、現実の社会で自分の居場所を失っている状態のことをさしている。中島は、オタクやダイエットに熱心な女性を例に、彼ら／彼女らの心性を読み解いている。

(2) クーリーによると、他者とのかかわりは三つの側面からなされる。一つ目は、他者がどう「認識」しているかの想像、二つ目は、他者がどう「評価」しているかの想像、最後に、これらに対して自分がもつ「感情」である。つまり、他者の認識と評価を想像とそれに対する自己の感情から自我が成り立っているのであり、他者が自己を高く評価してくれていると人間の自我は豊かなものとなる（原典／船津［二〇一〇：四二］）。

(3) 話し言葉と書き言葉の特徴を比較してまとめてみると以下の通りとなる（山田［一九九三：五四］）。

話し言葉—聴覚に訴える、瞬間的、感覚的、情緒的、時系列的
書き言葉—視覚に訴える、永続的、思考的、論理的、総覧的

(4)　それぞれを簡単に説明すると、①の説得型とは企画の提案や入社の面接、選挙の演説など相手を説得して意図を受け入れてもらうものであり、もっとも接することが多いパターンである。②の情報伝達型は、企業における報告や大学での講義などがこれにあたる。③の動機づけ型は、聞き手の気持ちを鼓舞するためのもので、社長の訓示、新人研修での講話などがそうである。④のセレモニー型は、式典のスピーチなど儀式につきものの話で聞き手を結びつける役割を果たす。⑤のエンターテイメント型は文字通り聴衆を楽しませるもので、プレゼンテーション自体に価値や魅力が求められる（脇山［二〇〇九：一四—一七］）。

(5)　それぞれの語句について、正しい意味と調査における正解率を記しておく。

時を分かたず　いつも（一四・一％）
破天荒　だれも成し得なかったことをすること（一六・九％）
御の字　大いに有り難い（三八・五％）
敷居が高い　相手に不義理などをしてしまい、行きにくい（四二・一％）

引用・参考文献

池田謙一（二〇〇〇）『コミュニケーション』東京大学出版会
石井敏（一九九六）「言語メッセージと非言語メッセージ」古田暁監修『異文化コミュニケーション［改訂版］』

有斐閣（初版一九八七年）
石井敏（二〇〇一）「言語能力のほかに何が必要か――コミュニケーション能力」古田暁・石井敏・岡部朗一・平井一弘・久米昭元『異文化コミュニケーション・キーワード〔新版〕』有斐閣、二二四―二二五頁（初版一九九〇年）
伊藤公雄編（二〇一〇）『コミュニケーション社会学入門』世界思想社
井上俊・船津衛編（二〇〇五）『自己と他者の社会学』有斐閣
井上善夫（一九九三）「きく力」言語表現研究会編『コミュニケーションのためのことば学』ミネルヴァ書房、三〇―四九頁
梅津正樹（二〇〇九）『プロアナウンサーに学ぶ話す技術』創元社
大橋理枝・根橋玲子（二〇〇七）『コミュニケーション論序説』放送大学教育振興会
加藤次男（二〇〇一）『コミュニケーションのための日本語・音声表現』学文社
門脇厚司（二〇一〇）『社会力を育てる――新しい「学び」の構想』岩波新書
菅野仁（二〇〇八）『友だち幻想――人と人との〈つながり〉を考える』筑摩書房
金田一春彦（一九七七）『話し言葉の技術』講談社
Cooley, C. H., (1902), *Human Nature and the Social Order*, Charles Scribner's Sons.〔邦訳〕（一九二一）納武津訳『社会と我――人間性と社会秩序』日本評論社
児島建次郎編著（二〇〇八）『コミュニケーション力――豊かに生きるための知的技法』ミネルヴァ書房
齋藤孝（二〇〇四）『コミュニケーション力』岩波書店
塩原慎次朗（二〇〇三）『アナウンサーの日本語講座』創拓社出版

清水英夫・林伸郎・武市英雄・山田健太（二〇〇九）『新版 マス・コミュニケーション概論』学陽書房（初版一九七四年）
社団法人日本経済団体連合会（二〇一〇）『新卒採用（二〇一〇年三月卒業者）に関するアンケート調査』http://www.keidanren.or.jp/japanese/policy/2010/030.html（二〇一〇年八月一六日アクセス）
白鳥元雄（一九九三）「ことば学入門」言語表現研究会編『コミュニケーションのためのことば学』ミネルヴァ書房、一―二九頁
末田清子・福田浩子（二〇〇三）『コミュニケーション学――その展望と視点』松柏社
土井隆義（二〇〇八）『友だち地獄――「空気を読む」世代のサバイバル』筑摩書房
富田英典（二〇〇二）「都市空間とケータイ」岡田朋之・松田美佐編『ケータイ学入門』有斐閣、四九―六八頁。
内閣府（二〇一〇）『若者の意識に関する調査（ひきこもりに関する実態調査）』http://www8.cao.go.jp/youth/kenkyu/hikikomori/pdf_index.html（二〇一〇年八月一五日アクセス）
中島梓（一九九五）『コミュニケーション不全症候群』（ちくま文庫）筑摩書房（単行本は筑摩書房より一九九一年刊行）
橋内武（一九九九）『ディスコース――談話の織りなす世界』くろしお出版
林進（一九八八）『コミュニケーション論』有斐閣
藤巻幸夫（二〇一〇）『特別講義 コミュニケーション学』実業之日本社
船津衛（二〇一〇）『コミュニケーション・入門［改訂版］』有斐閣（初版一九九六年）
文化庁（二〇〇九）『平成20年度 国語に関する世論調査』http://www.bunka.go.jp/kokugo_nihongo/yoron-chousa/h20/kekka.html（二〇一〇年八月一四日アクセス）

宮崎聡子（二〇一〇）『人づきあいの教科書』明日香出版社
宮原哲（二〇〇六）『新版　入門コミュニケーション論』松柏社
山田匡一（一九九三）「話す」言語表現研究会編『コミュニケーションのためのことば学』ミネルヴァ書房、五〇—六三頁
山田匡一（二〇〇八）「パブリック・スピーキング、自己紹介、スピーチ上手になるために」児島建次郎編著『コミュニケーション力——豊かに生きるための知的技法』ミネルヴァ書房、一三七—一五五頁
脇山真治（二〇〇九）『プレゼンテーションの教科書　増補版』日経ＢＰ社

（深澤弘樹）

講座5　ＩＴ生活の「社会常識」

講座のポイント

一　ネット環境は千差万別！　相手の立場を考えよう。

一　完全な匿名など無い——ネットのマナーを守ろう。

一「加害者」にならないように IT の常識を身に付けよう。

キーワード

IT 犯罪　ID・パスワード　SNS　携帯電話
コンピューターウイルス　肖像権
情報リテラシー　セキュリティ　著作権　ブログ

1　なぜ、ITの常識が必要なのか

平成二〇年末のわが国のインターネット利用者数は九〇九一万人、人口普及率では七五・三％となっている（総務省［二〇〇九：一二〇］）。一三〜一九歳に限っていえば九五・五％、二〇〜二九歳では九六・三％にまで達している（同［二〇〇九：一二一］）。今日において、大学生のほぼ全員がインターネットを利用しているといってよいだろう。逆にいえば、すべての大学生はインターネットをはじめとしたITを使いこなすことが「常識」として求められているのである。それを端的にあらわすキーワードとして「情報リテラシー」があげられよう。リテラシーとは「活用能力」と訳される（自由国民社［二〇〇九：七五三］）。すなわち、「情報リテラシー」とは、「情報を活用する能力」であり、まさにIT生活の常識を示すキーワードといえよう。

本章のタイトルにもある「IT」とは「Information Technology」の略であり、その意味は文字通り、「情報技術」である。すなわち、「IT」という単語を聞くと、ともすれば「インターネット」や「パソコン」などの先進的な機器やサービスを連想しがちであるが、その基本はあくまでも「情報を扱うための技術」なのである。そうであれば、その技術を活用する能力が求められることになる。つまり、「情報リテラシー」が必要とされるのである。

それでは情報リテラシー、すなわち「情報を活用する能力」とは、具体的にどのようなものであろうか。「情報リテラシーの定義には、情報機器の操作などに関する観点から定義する場合（狭義）と、操作能力に加えて、情報を取り扱う上での理解、さらには、情報、及び、情報手段を主体的に選択し、収集活用するための能力と意欲まで加えて定義する場合（広義）がある」（総務省［一九九八：一五七］）。つまり、パソコンなどを使いこなす技術は狭義の「情報リテラシー」であり、そのパソコンを使ってどのように情報を探すか、また、取得した情報の中から問題解決のためにいかにして必要な情報を選択するか、さらに、その情報を取り扱うための良識をも指すのは広義の「情報リテラシー」ということができる。いうまでもなくＩＴ生活においては、どちらの「情報リテラシー」も必要とされるのである。

今日の大学生は、さまざまな場面でＩＴを使いこなすことが求められている。例えば、レポートを作成する場合、インターネットを使えば必要な情報や資料を簡単に、かつ、すばやく入手することが可能であろう（一連のパソコンの操作やインターネットアクセスの技術は、狭義の「情報リテラシー」ということになる）。しかし、それだけではレポート作成という目的を達成したことにはならない。なぜならば、入手した情報の信頼性や情報源の確認など、情報を吟味する作業が必要だからである。インターネット上の情報は、他のメディアの情報よりも新鮮である半面、その精度や信頼度は他のメディアの情報に比べると相対的に低いといえる。というのは、インターネット上では誰もが比較的簡単にどのような情報でも公開できるからである。したがって、誰がどのような根拠でどのような発言をしているかを精査し、他の情報とも比較検討する作業は必須といえよう（これは広義の「情報リテラシー」である）。

また、例えば、インターネットを活用して他人とコミュニケーションをとることは、今日の国際化・情報化社会において必須の技術、すなわち、「狭義の情報リテラシー」といえるが、相手と良識あるコミュニケーションをとる能力やいかにしてインターネット上の犯罪に巻き込まれないようにするかという判断力もまた、「広義の情報リテラシー」として必須であるといえよう。

このように、「情報リテラシー」とは、さまざまな情報機器を活用する技術力と、それをいかに正しく使いこなすかという良識の、どちらもが「常識」として高度に要求されるのである。

2　IT生活の基本知識

(1)　ソフトウェアのライセンス

基本的にパソコンを使うということは、ソフトウェアを使うということと同義といえよう。例えば、レポートを書くためには、MicroSoft Wordに代表されるようなワープロソフトが必要となる。表計算のためには、MicroSoft Excelをはじめとする表計算ソフトウェアを使うことになる。インターネットを閲覧するためのブラウザやメールを送受信するためのメールソフトもソフトウェアである。このようにパソコンを使うためには、目的に応じたソフトウェアが欠かせない。これらのソフトウェアはソフトウェア会社などの法人や個人が、多くの時間と労力、費用をかけて制作するものである。特に、ソフトウェア制作を主たる業務としている企業の場合は、多くのプログラマーやデザイナー、企画担当者や営業担当者などの人的リソースを投入して制作しているのである。このようにして、制作されるソフトウェアは作り手の技術やアイデアの結晶ともいうべきものであり、安易に他者によって模倣されたり、ましてや流用されたりしてはならない。そのため、ソフトウェアはプログラムの著作物として日本国著作権法や国際条約によって保護されている（BUSINESS SOFTWARE ALLIANCE：著作権と法的保護）。そして、著作権法では、著作権者に複製権、貸与権をはじめとする種々の権利を独占的に認めているのである（同）。これらの著作権によって保護されたソフトウェアを使うことができる権利が〝ライセンス〟と呼ばれるものである。

著作権法などによって保護されている著作物としては映画や音楽、そして書籍などがあげられよう。これらは基本的には複製を作りにくいものとされている。もちろん、不可能ではないものの、短時間で大量、かつ、高品質での複製は困難であろう（しかし、これらもデジタル化が進んでおり、その場合は後述する理由により大量コピーが問題となっている）。しかし一方、「ソフトウェア」は電子媒体のため、複製を作ることが比較的容易である。ソフトウェアにもよるが、簡単な操作でオリジナルとまったく同じソフトウェアを大量に複製することも可能なのである。しかしこのような行為は、私的使用による複製または著作者が認めたものでない限りは、れっきとした著作権法違反行為である。著作権侵害行為に対しては著作権法第百十九条に基づき、個人の場合は一〇年以下の懲役、もしくは、一〇〇〇万円以下の罰金、または、併科が、法人の場合は三億円以下の罰金が科せられる。

◉著作権法

第百十九条　著作権、出版権又は著作隣接権を侵害した者（第三十条第一項（第百二条第一項において準用する場合を含む。）に定める私的使用の目的をもつて自ら著作物若しくは実演等の複製を行つた者、第百十三条第三項の規定により著作権若しくは著作隣接権（同条第四項の規定により著作隣接権とみなされる権利を含む。第百二十条の二第三号において同じ。）を侵害する行為とみなされる行為を行つた者、第百十三条第五項の規定により著作権若しくは著作隣接権を侵害する行為とみなされる行為を行つた者又は次項第三号若しくは第四号に掲げる者を除く。）は、十年以下の懲役若しくは千万円以下の罰金に処し、又はこれを併科する。

先に指摘したように、印刷物等と比較するとソフトウェアは複製が容易である。そのために、これらのライセンス違反行為については犯罪意識が希薄になりがちだといわれている。例えば、一台のパソコンでのみ使用が許諾されたソフトウェアを複数のパソコンにインストールして使う行為や正規品を違法コピーして作られた「海賊版」ソフトウェアを入手（購入含む）する行為、さらには、P2P（不特定多数のコンピューターを相互に接続し、直接ファイルなどの情報を送受信することを可能にする技術）ファイル交換ソフトを使った違法なファイル共有などは、すべてライセンス違反行為である。

このようなライセンス違反行為を行った場合、先に述べた刑事罰だけでなく、民事上の損害賠償を請求される可能性もある。さらには、非常識な行為として本人はもとより、本人が所属する組織（例えば大学や企業など）までもが社会的信用を失うことになるのである。また、ライセンス違反を行うと、正規品に対して行われるさまざまなサポートを受けられないというリスクを負うことにもなる。ソフトウェアは一度作られて終わるものではなく、不具合の修正や新しい機能の追加などのバージョンアップが行われる。これらのサポートは正規のソフトウェアを使用していることを前提に行われるため、ライセンス違反のソフトウェアは当然ながらこれらの恩恵を受けることができない。ライセンスという「義務」を果たさなければ「権利」を得られないのは当然のことである。

(2) インターネットを使う上での常識——ログイン・ログアウト

現代の社会は「情報社会」と呼ばれている。情報社会とは、「社会活動、生活の中で、情報の比重が増して、それなしでは関係を維持できないほどに必要不可欠な位置を占めている段階」である（犬塚［二〇〇六：二］）。インターネットに代表される情報ネットワークの発達と、パソコンや携帯電話をはじめとする情報端末の普及により、われわれの情報処理応力は飛躍的に向上した。すなわち、大量の情報の中から必要とする情報に瞬時にアクセスすることが可能となり、一方では、自らが情報発信を行うことも容易となったのである。このように発達した情報社会では、人は常に情報から強い影響を受ける。情報とのかかわりにおいて、適切な判断・決定・行動がとれることが重要な課題になる。情報の利用や取り扱いを間違えると、特定の情報に支配されたり、社会秩序の混乱や崩壊に至るなどの危険も起こりうる（佐藤［二〇〇五：一四六］）。そのような事態を避け、安全で快適な情報社会を築くためにも「ＩＴの常識」が求められるのである。

情報社会では、大量の情報を瞬時に処理して必要な情報にアクセスできる半面、有害な情報の流通やコンピューターウイルスの拡散、不正アクセスなどの増加という負の側面ももつ。これは情報ネットワークがもつ「匿名性」、「不特定多数性」、「時間・空間の超越性」や「無痕跡性」に起因する（大野［二〇〇五：一四七］）。すなわち、お互いの素性や顔が見えない「匿名性」の高い「不特定多数」の人間が、地理的制約の無いインターネットを使うことで、遠方の国の人間と一瞬で情報のやりとりが可能となるのである。また、その情報とは電子的情報であるため簡単に消すことができて、痕跡として残らない（同［二〇〇五：一四八］）。これは匿名で犯罪を目論む者や不特定多数のインターネット掲示板等に違法な書き込みを行う者にとって都合がよいことを意味する。そのような事態を少しでも防ぐために、多くの情報端末やインターネット上でのサービスでは、「ＩＤ」と「パスワード」を発行することで、匿名性を保ちつつも、利用者の識別を可能とする仕組みを採用している。ＩＤとはIdentificationの略で、身分証明書を意味する（神田［二〇〇六：二八］）。「ユーザー名」や「アカウント」と呼ばれることもある。インターネット上のサービスを利用する際には、サービス提供側から事前に渡されたＩＤとパスワードを入力し合致させることが必要である。この行為がログインである。すなわち、ログインを行うことで、いわば、「インターネット上の社会」における「本人の証明」が可能となるのである。

したがって、インターネット掲示板等に特定個人に対する誹謗中傷や違法な書き込みを行った場合、ログイン時のＩＤをもとに個人が特定され、社会的な責任を追及されることになる。また、このことは逆にいえば、他人のＩＤとパスワードを使ってログインすることによって、本人になりすますことが可能になるということである。ＩＤとパスワードが盗まれると悪意ある他人が本人になり済まして個人情報を奪われたり、インターネット・バンキングから不正に金を引き出されて経済的損害を被るばかりでなく、本人になりすました状態で、第三者のパソコンに不正アクセスが行われると、ＩＤの本当の所有者である本人が加害者として疑われることになる。そのような事態を防ぐためにも、ＩＤとパスワードの管理は厳密に行わなければならないのである。

なお、多くのインターネット・サービスでは、「ログアウト」という機能が用意されている。これはログインの対義語であり、利用者がサービスを一旦終了する際に行うものである。このログアウトを行わずにパソコンから離れると、第三者がそのパソコンを使った場合、ログイン状態のサービスが第三者によって使われてしまう懸念がある。大学のコンピュータールームや空港等の公共の場には、多くの人が共通で使えるようにパソコンが設置されている。これらは不特定多数の人間が使うため、必ずログアウトの処理を行うべきである。

(3)　インターネット・セキュリティ――「加害者」にならないために

インターネットやパソコンを使う上での常識の中でも、もっとも重要なものは「セキュリティ」といえよう。自分の身や財産を守り、さらには自分が所属する共同体としての社会の安全や資産を守る「セキュリティ」が重要であることは、現実の社会でもインターネット上の社会でも同様である。ここで重要なことは、セキュリティに関係する常識をもつことは、自分を守るということだけでなく、自分が属する共同体をも守るということである。自分の不注意や非常識は、自らだけでなく時に社会全体に危機をもたらすのである。

先に指摘したように、インターネットやパソコンを使う上での重要な注意事項として「セキュリティ」があげられる。これはパソコンが個人情報をはじめとしたさまざまな情報を扱う端末であることと、インターネットが短時間に大容量の情報をやりとりする性格をもつためである。セキュリティの常識をもたなければ、悪意ある者の侵入により自分の個人情報や財産を失うばかりか、インターネットを通じて短時間にかつ広範囲に被害を及ぼしかねないのである。コンピューターウイルスに感染したり、不正アクセスを受けたりすると、パソコンの中の重要なファイルの破壊や改竄、さらには、IDやパスワード、場合によってはクレジットカード番号などの個人情報を奪われることがある。また、このように目にみえる形での活動をせず、一見問題の無いアプリケーションであるかのように装い、裏側で個人情報などを外部に送信し続ける「スパイウェア」も存在する。このような脅威から身を守るためには次のようなセキュリティ対策が欠かせない。

①セキュリティ・ソフトの導入

「ウイルスバスター」や「マカフィー」をはじめとするセキュリティ・ソフトをパソコンにインストールするべきである。これらはウェブサイトやEメールを通じたコンピューターウイルスの侵入を防いでくれる。また、外部からパソコンに対する不正アクセスを防御する。インターネット接続料金の定額化が普及したため、一般の家庭におけるインターネットの常時接続が当たり前となっている。つまり、パソコンを常時起動したままにしたり、使用していない時にもインターネットに常時接続していることが珍しくない。しかし、常にインターネットにつながっているということは、常に外部からの不正アクセスの可能性に晒されているということである。そのために、セキュリティ・ソフトの導入が必須なのである。

図5-1　不正アクセス被害原因別推移

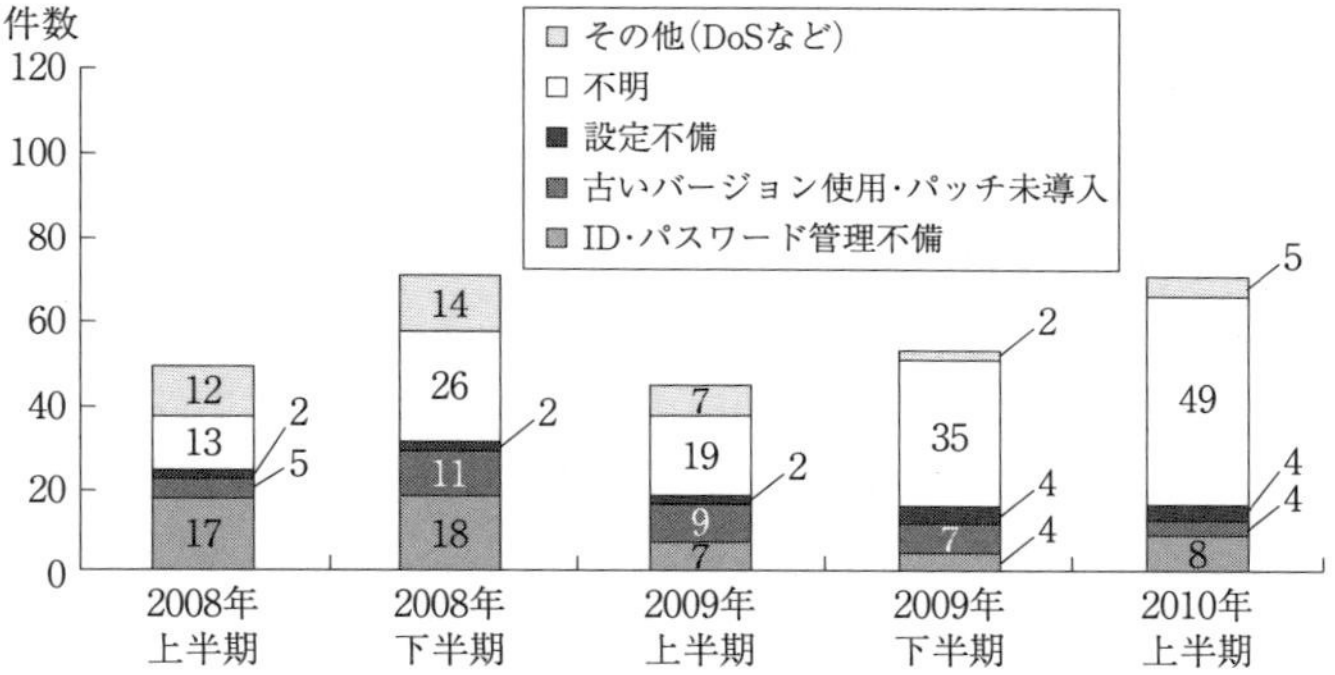

出典：独立行政法人情報処理推進機構「2010年上半期［1月～6月］コンピュータ不正アクセス届出状況」

②セキュリティ・ソフトのアップデート

このようなセキュリティ・ソフトは、インストールするだけでなく、定期的なアップデートも必要である。なぜならば、悪意ある者によって、新しいコンピューターウイルスや、不正アクセスの手段が日々生みだされているからである。一方セキュリティ・ソフトのメーカーも、新しい脅威を発見すると、これらに対抗できる技術を開発してセキュリティ・ソフトのバージョンを上げることで対抗している。具体的には、新しく発見したコンピューターウイルスとその対策をプログラムした「ウイルス定義ファイル」を作成し、各ユーザーのセキュリティ・ソフトはこの「ウイルス定義ファイル」を取り込むことで、常に最新の脅威に備えることが可能となるのである。これがセキュリティ・ソフトのアップデートである。なお、このようなセキュリティ・ソフトは、しばしば「無料お試し版」としてインターネット上や、あるいはCD-ROMという形で配られている。これらは無料で使える代わりにアップデートができず、アップデートをする場合には正規品を購入する仕組みになっている。正規品の購入費用を惜しんで「無料お試し版」のまま使うことがあってはならない。すでに述べたように、アップデートができなければ最新の脅威に対抗することができないからである。

③ＯＳや各ソフトウェアにパッチをあてる

セキュリティ・ソフトだけでなく、ブラウザやメールソフトなどの通常使っているソフトウェアでも、セキュリティ上のアップデートが必要である。なぜならば、悪意ある者は、これらのソフトウェアのセキュリティー・ホール（ソフトウェアのバグやセキュリティ上の盲点）を利用して不正アクセスを行うからである。そこで、例えば、Windowsパソコンであれば、ＯＳメーカーのMicrosoft社が用意しているWindows UpdateやMicrosoft Updateを行わなければならない。他のソフトウェアについても、重大なセキュリティ・ホールが見つかった場合、パッチ（セキュリティホールとなる不具合を修正するプログラム）を配信するようにしているため、普段使っているソフトウェアが常に最新の状態になっているかをメーカーのサイトなどで確認するべきである。

以上述べたようなセキュリティ対策は、自らが被害者とならないためであるばかりでなく、「加害者」とならないためにも必要なことなのである。悪意をもって加害者となるのは論外だが、セキュリティ対策を行わなければ、悪意が無く本人も知らないうちに「加害者」となることが起こりうる。先に示したコンピューターウイルスの中には、侵入したコンピューターを攻撃するのではなく、侵入したコンピューターを「踏み台」として、第三者のパソコンを攻撃するものが存在する。セキュリティ対策が不十分な複数台のパソコンに侵入し、これらのパソコンから政府や大手企業のサーバーに一斉に攻撃を仕掛ける事件が過去に何度も発生している。しかもその間、「踏み台」となったパソコンの所有者は、そのことに気づかないことが多い。大学や企業、ひいては社会全体のセキュリティ対策は、組織を構成する全員が等しく行わなければならない。一人でも対策を怠ることがあれば、そこが抜け穴となって、結果として本人だけでなく、社会全体が被害をこうむることになるのである。

（4）メールを使う上での常識

電子メール（Eメール）とは、インターネットを介することによって情報を手紙の形式で送受信するシステムである。インターネットの普及により、企業や大学内、あるいは、友人同士のコミュニケーション手段として、今日では、一般的なものとなっている。コミュニケーションをスムーズに行い、誤解やトラブルを未然に防ぐためにも、電子メールを使う際の常識を身に付ける必要がある。その中でももっとも重要なものは、「相手の環境を考える」ということであろう。相手の環境や立場を考えて行動することは、「社会常識」の基本の一つである。それはインターネットの世界においても同様である。インターネットの環境は人それぞれによって異なるからである。例えば、使っているパソコ

図 5-2　Windows の機種依存文字

No.K.K.TEL㊤㊥㊦㊧㊨㈱㈲㈹㍾㍽㍼㍻

㍉㎜㎝㎞㎎㎏㏄㍉㌔㌢㍍㌘㌧㌃㌶

㍑㍗㌍㌦㌣㌫㍊㌻

①②③④⑤⑥⑦⑧⑨⑩⑪⑫⑬⑭

⑮⑯⑰⑱⑲⑳

Ⅰ Ⅱ Ⅲ Ⅳ Ⅴ Ⅵ Ⅶ Ⅷ Ⅸ Ⅹ

出典：教育情報ナショナルセンター（NICER）　http://www.nicer.go.jp/ecase/guide/register/help_3.htm

ンがWindowsなのか、Macintoshなのか、利用しているインターネット回線の速度はどのくらいなのか、さらには、パソコンを使わずに、主に携帯電話を中心にインターネットを使う人もいるであろう。電子メールを送る際には、このような環境の違いに配慮しなければならない。

①機種依存文字を使わない

○付き文字や半角カタカナなどは、自分のパソコンでは正しく表示されていても、相手側では正常に表示されないことがある。例えば、**図5-2**に示した文字はWindowsでは正常に表示されるが、Macintoshでは別の文字として表示されてしまう。このような「機種依存文字」と呼ばれる文字は使用を控えるべきである。

②テキスト形式で送る

電子メールには「テキスト形式」と「HTML形式」の二種類が存在する。前者は文字通り、「テキスト」のみで書かれるものであるが、後者は文字の色や背景色を指定したり、本文の中に写真や画像を表示させるなど、表現力豊かなメールを送ることが可能である。しかし、HTML形式のメールは、相手のメールソフトによっては正常に表示されないことがあるので、通常は「テキスト形式」で送るべきであろう。

③大容量のファイル添付は避ける

電子メールにはファイルを添付して送ることが可能だが、大容量サイズのファイルを添付することは避けるべきである。インターネット環境が向上した今日においては、数メガバイトのファイルを添付したメールでも一瞬で送受信可能なインターネット回線（ブロードバンド回線と呼ばれる）も存在するが、すべての人がそのような環境にあるとは限らない。相手が使用している回線がブロードバンドでない場合、そのような大容量添付のメールを一通受信するにも長時間を要してしまう。その間、他のメールを受信できなくなるなどの迷惑をかけることになるのである。また、相手が企業や大学のLAN（小規模のネットワーク）にいる場合、LAN全体の通信速度を低下させてしまい、周囲全体に損害を及ぼしかねないのである。このような大容量ファイルを送る場合は、事前に相手の確認をとるべきである。もし相手がメール添付で送れない環境にある場合は、サーバーに置いてFTP（ファイルの送受信を行うソフトウェア）等でダウンロードしてもらう、CD-ROMに焼いて郵送する、オンライン・ストレージ・サービス（ファイルをサーバーで預かり、それをダウンロードするためのURLをメールに記して相手に送信してくれるサービス）を利用するなどの方法を検討すべきであろう。

④メールの同報に注意

電子メールは同一のメールを一度で多数の相手に送信することが可能である。しかし、その設定を正しく行わなければ個人情報の漏えいにつながり、常識を疑われてしまう。同報メールの宛先には次の三種類が存在する。

このような同報メールを「ＴＯ」や「ＣＣ」で受けとった相手は、それぞれ「ＴＯ」や「ＣＣ」欄に入力されているアドレスをみることができる。しかし、「ＢＣＣ」に入力されたアドレスはみることができない。逆に、同報メールを「ＢＣＣ」で受け取った相手は、「ＴＯ」や「ＣＣ」に入力されたアドレスを見ることが可能である。なおこの場合でも、自分以外の「ＢＣＣ」欄に入力されたアドレスはみることができない。つまり、メールマガジンなど、送信先の相手がそれぞれお互いのアドレスを知られてはいけない場合、すべて「ＢＣＣ」欄に入力して送信しなければならないのである。

表 5-1　電子メールの宛先

TO	そのメールを送りたい本来の相手のアドレスを入力する。
CC	カーボンコピーの略である。本来の宛先ではないが、参考としてメールを見てほしい相手のアドレスを入力する。
BCC	ブラインドカーボンコピーの略である。CC と同様に参考としてメールを見てほしいが、同報で送った相手のいずれからもみられなくない相手のアドレスを入力することに注意。

3　ITコミュニケーションの常識

(1)　掲示板――画面の向こうの相手

現代の特徴の一つは、コミュニケーションがネットワークを通じて広がりをもつようになっているために、一対一のコミュニケーションはこれまで通り重要性をもっているが、それに加えて一対多、多対多のコミュニケーションが機会を拡大していることである（犬塚［二〇〇六：九九］）。その一例として、インターネットの普及によって発達した「インターネット掲示板（Bulletin Board System：以下BBSと略す）」があげられる。BBSでは、任意のテーマについての意見を書き込み、また、それを閲覧することができる。インターネットでつながっているために、世界中からあらゆる人が情報を発信し、また、それを受けとることが可能となったのである。先に述べたように、インターネットの世界もまた、一つの「社会」であるために、そこでは「社会常識」が問われることとなる。その点でいえば、BBS上で求められる常識は、現実社会で要求される常識と基本的に同じである。しかし一方では、現実社会と異なり、「相手の顔が見えない」、すなわち、匿名性が高いという特徴を踏まえた上での常識も求められる。例えば、現実の社会においては、われわれは相手に合わせたコミュニケーションをとる。相手が目上の人間であれば敬語を使い、友人同士であればくだけた表現を使うであろう。しかし、ＢＢＳでは相手の顔がみえないために、表現に注意する必要がある。また、仮に相手の素性がわかっている場合であっても、ＢＢＳは不特定多数の人間がみているということに留意すべきである。したがって、個人情報やプライバシーについての書き込みは控えるべきである。もし必要であれば、ＢＢＳではなく、電子メールを使うべきであろう。基本的には、現実社会と同様に、「相手の立場や環境に配慮する」、「法や社会倫理に反する情報を書きこまない」、「個人や企業を中傷しない」、「トラブルを未然に防ぐために言葉遣いや表現に注意する」、という姿勢が求められる。

現在わが国では、ＢＢＳでの誹謗・中傷に対する特別な法律は存在しない（神田［二〇〇六：六〇］）。しかし、通常の刑法の規定に照らした取り締まりや処罰が行われる。ＢＢＳで特定の個人を中傷する書き込みを行うと、刑法二三〇条以下の「名誉棄損」や刑法二三〇条の「侮辱罪」が適用される。また、特定の企業を誹謗中傷すると、その内容によっては信用毀損や業務妨害罪（刑法二三三条）に問われることもある（神田［二〇〇六：六一］）。

先にＢＢＳは匿名性が高いと述べたが、完全な匿名ではない。インターネットに接続するためにはＯＣＮやYahoo!BB、ぷららなどのプロバイダ（インターネット接続事業者）を使わなければならない。すなわち、インターネットでの通信記録がプロバイダ側に残るのである。一般的にプロバイダとの契約には氏名や住所などの個人情報を提出する必要があるために、通信記録をもとに違法な書き込みを行った個人を特定することが可能なのである。当然ながら、プロバイダもまた、個人情報を勝手に開

表5-2　オンラインゲームをめぐる犯罪

被疑者（インターネットカフェ従業員・男・26歳）は、平成17年1月、オンラインゲーム上のアイテムを収集する目的で、勤務先のインターネットカフェのコンピュータにキーロガーを仕掛け、同店を利用した客の識別符号を入手し、同店のコンピュータから客になりすまして当該オンラインゲーム会社のコンピュータに不正アクセス行為を行った。 （5月・岡山）
被疑者（会社員・24・男）は、オンラインゲームのキャラクターを使用して、同ゲームで遊戯中の被害者3名に対し、ゲーム上の仮想通貨とポイント・アイテムの交換を持ちかけて、被害者のキャラクターが保有していたポイントアイテム（時価合計5300円相当）の使用権を被疑者のキャラクターに移転させてその使用権を詐取し、もって、財産上不法の利益を得た。不正アクセス禁止法違反でも検挙。 （9月・香川）

出典：「平成18年のサイバー犯罪の検挙及び相談状況について」（平成19年2月22日）

示することは許されていないが、「プロバイダ責任制限法」に基づいた手続きで「発信者情報の開示」が求められた場合は、違法な書き込みを行った個人の情報を警察等の関係機関に開示することが可能となる。

（2）　オンラインゲーム——仮想通貨を巡る犯罪

オンラインゲームとは、ネットワークを介して複数のユーザーが同時に楽しむものである。従来のユーザーが一人で楽しむゲームとは異なり、パソコンや専用のゲーム機をインターネットにつなぐことで、世界中のユーザーが同時進行するゲームを楽しむことができる。特にMMORPG（多人数同時参加型オンラインロールプレイングゲーム）と呼ばれる、複数プレイヤーで協力してバーチャル世界を冒険するゲームが、この分野の花形であるといわれる（鈴木［二〇〇七：六九］）。多くのオンラインゲームでは、その世界に必要な武器やアイテムをそのゲームの世界でのみ通用する「仮想の通貨」や「ポイント」によって入手する仕組みを採用している。いずれもそのゲームの中でのみ価値を有するという意味で「仮想通貨」と呼ばれる。しかし、MMORPGでは、この「仮想通貨」が「現実世界の通貨」と交換されるRMT（Real Money Trade）と呼ばれる行為が頻発している。先にレベルを上げ、強いアイテムを有しているユーザーが、弱いユーザーに経済的な見返りを求めてアイテムを「販売」するようになる時、そこにRMTの生まれる契機がある（鈴木［二〇〇七：七七］）からである。しかし現実世界の通貨が使われるため、RMTを背景とした犯罪も発生している。

表5-2からわかるように、仮想通貨（並びに、その目的となる仮想アイテム）をめぐる犯罪は、不正アクセスによって行われることが多い。すなわち、オンラインゲームにログインするためのIDとパスワードを盗んで不正アクセスを行い、なりすましによって仮想通貨やアイテムを自分のものとするのである。先に述べたように、IDとパスワードは厳密に管理しなければならない。ましてや不正アクセスを行ってはならないことはいうまでもない。

(3) ブログ炎上

情報発信の具体的形態として、ホームページの開設がある。個人が自由に内容を記述して、自分自身をインターネット空間に公開する。その内容として多くみられるものは、日記形式の記述である

（犬塚［二〇〇六：一三三］）。その代表的なものがブログであり、自身の意見を公開する機能だけでなく、誰でも意見や感想を自由に残せるコメント欄がついているものが多い。ブログの執筆者の発言内容に反発して否定的な意見や中傷を含むメッセージが集中的に寄せられ、機能不全に陥る状態を炎上という（神田［二〇〇六：一八八］）。

なお、ブログが普及する以前から、インターネット上では「炎上」に類似する事例が存在することを指摘しておく。先に述べたインターネット掲示板では、誹謗中傷だけでなく、意味不明の文字列の投稿や同一内容の連続投稿などで正常な運営を妨害する「荒らし」と呼ばれる行為が頻発していたのである。社会学者の鈴木謙介は「荒らし」と「炎上」の違いについて次のように指摘している。「「荒らし」と呼ばれる場合、それはあくまでも、悪意ある個人が、何らかの秩序あるコミュニケーションを切断するような場合を指していた。それに対し炎上は、強烈な悪意をもった個人というより、薄い動機付けしか持たない個人が多数集まることによって、何らかの「強い意志」が働いているように見えてしまうケースを指して使われることが多い」（鈴木［二〇〇七：二〇七］）。ここでいう、「薄い動機付け」とは、対象となるブログを炎上させるための口実である。例えば二〇〇六年、一九歳の大学生がSNS（ソーシャル・ネットワーキング・サービス）の日記で飲酒運転を告白して批判が殺到し、本人と大学側が謝罪する事態になった（ITmedia News『mixiで一九歳が飲酒運転を告白　大学が「指導不十分」と謝罪』より）。他にもアルバイト先の客を中傷する内容を投稿した大学生のブログが「炎上」

するなど、投稿者本人の言動が原因となるブログ炎上は枚挙にいとまがない。もちろん、中にはいいがかりに近い形で炎上させられるケースも見受けられるが、何ら落ち度の無い掲示板が突然「荒らされる」ケースと比べると、ブログの「炎上」は、投稿者本人の責に起因するものが多いといえよう。

ブログにはリンクだけでなく、トラックバック（別のブログにリンクを張ると、相手に対してリンクを張ったことを通知し、自分へのリンクを張ってもらう仕組み）やＲＳＳ（ブログの更新を簡単に、かつ広範囲に通知する仕組み）などの機能が充実しているために、非常識な内容を投稿した場合、それが従来よりもさらに短時間でインターネット上に広まることを意識するべきであろう。一方で、ブログにコメントを残す者もまた、「炎上」行為に加担するべきではない。二〇〇九年に発生したタレントのブログ炎上では、名誉毀損と脅迫容疑で一九人が書類送検されている（神田［二〇〇九：一八八］）。

（4）著作権

第1節では、主にソフトウェアのライセンスの観点から著作権について触れたが、ここでは著作権そのものとインターネットにおける著作権の問題について指摘しておきたい。著作権法第一条では「この法律は、著作物並びに実演、レコード、放送及び有線放送に関し著作者の権利及びこれに隣接する権利を定め、これらの文化的所産の公正な利用に留意しつつ、著作者等の権利の保護を図り、もつて文化の発展に寄与することを目的とする」（著作権法第一条）と定められている。書籍や音楽、映画、ゲーム、さらには先に上げたさまざまなソフトウエアなどの著作物は、制作者のアイデアと努力の結晶である。多くの時間と労力、費用をかけて生みだされた著作物が模倣されたり、複製されることがあると、制作者に経済的な損害を与えるばかりでなく、制作意欲を削ぐことにもなりかねない。したがって、著作権法では、「著作者等の権利の保護を図」ることを最初に定めているのである。これはひいては社会的な意味においても知的創造が促され、人類の発展に寄与することともなる（畠田［二〇〇四：九七］）。

このように著作権法に守られている著作物であるが、近年のデジタル化の進展とインターネットの普及により、さまざまな問題が発生している。先に指摘したように、ソフトウエアにみられるようなデジタルの著作物は、簡単な操作で本物と同等の複製を短時間で大量に作ることが可能である。さらにインターネットを通じることで、これらの複製物は「簡単に」、「短時間で」、「広範囲に」拡散させることが可能となったのである。そこで、著作権法もまた、幾度か技術の進展と社会情勢の変化に適合すべく改められている（佐藤［二〇〇五：一七一］）。コンピューターソフト（プログラム）、音楽や画像のコンテンツ（contents: 中身）、電子メールと掲示板の著作権は、それぞれの制作者にある。インターネット上のホームページは、原則、制作者にあるが、コンテンツは複数のものから組み合わされているので、個々のコンテンツは、個々の作成者となる場合がある。また、電子会議の発言ログは発言者、または、会議の主幹者が著作権者となる（同［二〇〇五：一七一―一七二］）。

しかし、インターネット技術の進展と著作権に対する認識の低さに起因する著作権法違反事件が後を絶たない。特に目立つのは「Winny」や「Share」などの「ファイル共有ソフト」を使った犯罪である。ファイル共有ソフトとは、インターネットに接続した不特定多数のパソコン同士でファイルのやり取りを行うソフトウエアである（社団法人コンピューターソフトウェア著作権協会）。匿名性が高く送信者が特定されないとされていたために、ゲームソフトやアニメの動画、画像などが著作権者に無断で交換されてきた。これらの共有ファイルのうち、権利があり、許諾がないものと推測されるものは、「Winny」で九八・〇%、「Share」では九八・二%にのぼる（同）。しかし、匿名性が高いとされるこれらのファイル共有ソフトであるが、現在は送信者が保有するファイル名やＩＰアドレス、接続時刻などが検索・保有できる技術が開発されており、これらの情報から、最終的に送信者にたどり着くことが可能である。二〇一〇年六月一八日現在、社団法人コンピューターソフトウェア著作権協会が把握しているだけでも三七人が逮捕されている（同）。ファイル共有ソフト以外でも、動画投稿サイト「YouTube」に漫画を動画ファイルとして権利者に無断でアップロードして中学生が逮捕された事件や無断で複製したソフトウエアをヤフーオークション（大手のインターネットオークションサイト）で販売して著作権法違反で逮捕される事件など、インターネットを使った著作権法違反事件は後を絶たない。

(5) 肖像権

インターネットの掲示板やブログではテキストだけでなく、写真や画像のアップロードも簡単に行えるが、その際には肖像権についての配慮が求められる。肖像権とは、本人を撮影した写真や絵を本人の意思に反して公開されない権利である。肖像権について明確に定める法律は存在しないが、一九六九年の『京都府学連事件』では、最高裁判所が憲法一三条に含まれる「個人の私生活上の一つ」として「何人も、その承諾なしに、みだりにその容貌、姿態を撮影されない自由」との判断を下している。この刑事事件判決の裁判において肖像権が定義された（社団法人日本写真家協会『著作権研究「肖像権・撮る側の問題点」連載2』より）。憲法一三条が定める幸福追求権は基本的人権の一つであり、人は誰でも勝手に写真を撮られたり、それを不特定多数の他人にさらされることがあってはならないのである。

しかし、撮影機材の高機能化や映像に関連するインターネット技術の向上により、肖像権を侵害する事件は後を絶たない。二〇一〇年には大学生が「ドブスを守る会」と称して街頭で女性に声をかけて本人の意志に反した撮影を行い、さらに無断で動画投稿サイト「YouTube」に投稿して退学処分になるという事件が起きている。憲法や諸権利に照らして違法な行為であることはいうまでもないが、そもそも社会常識を備えていれば、このような行為には走らなかったはずである。

なお肖像権には二つの顔があり、人格権の一部としての権利の側面と、肖像を提供することが対価を得る財産権の側面とである。前者は前述の通り憲法上の根拠をもつものであり、後者は後者は〝パブリシティ権〞と呼ばれるものである(同)。パブリシティ権とは、例えば、著名な芸能人や有名スポーツ選手などの写真が、本人の人格権だけでなく、財産的な価値をもつことである。なぜならば、このような有名人はそれ自体が広告的価値をもつからである。したがって、芸能人の写真を勝手に自分のブログに掲載したり、みだりに掲示板にアップロードすると、本人または所属事務所から損害賠償請求を受ける可能性がある。

4　携帯電話の常識

(1)　なぜ、車内で通話してはいけないのか?

二〇一〇年七月現在、わが国の携帯電話・PHSの契約数は一億一〇〇〇万以上である(社団法人電気通信事業者協会)。また、大学生の携帯電話の所有率は二〇〇四年の時点ですでに九六・三%に上る(博報堂[二〇〇四])。もはや大学生にとって携帯電話をもつことは当たり前のことになったといってよいだろう。すなわち、携帯電話に関する常識を身に付けることが必要となるのである。また、携帯電話はパソコンとは異なり、筆者の職場では「二四時間三六五日三〇センチ以内に必ずある」という表現をしばしば使う。したがって、パソコンよりもきめ細かい配慮が求められるのである。

わが国ではかつて、人体や心臓ペースメーカーに影響する恐れがあるとして、鉄道車内での携帯電話の使用についてその是非がしばしば議論されてきた。携帯電話コミュニケーションを前提とした空間では、社会的空間の拡大と希薄化が同時進行している。携帯電話のおかげで人と会う回数が増加したという事実と、他者への配慮、行動規範が軽視され、そのために、社会的空間の認識が軽視される傾向もみられる（犬塚［二〇〇六：一二三］）。それゆえに、車内での携帯電話の使用に起因するトラブルは、人体の安全性よりも、車内という社会的空間が軽視されることによる不快感が大きな要因であると考えられよう。

総務省では、携帯電話端末は心臓ペースメーカーなどの植込み型医療機器の装着部位から二二センチ以上離す必要がある（総務省「電波が植込み型医療機器におよぼす影響［携帯電話・ＰＨＳ端末］編」）という指針を示しているが、混雑の激しいわが国の鉄道車内では、乗客同士で二二センチ以上の距離を確保することが困難である。そのために、車内での携帯電話の使用については鉄道事業者によってルールが異なっていたが二〇〇三年八月からは、関東一七の鉄道事業者では「優先席付近では電源ＯＦＦ」、「優先席以外ではマナーモード設定・通話はご遠慮」という統一したルールを採用している（ＪＲ東日本「車内における携帯電話マナーのご案内の統一について」）。しかし、欧米各国や中国では「電車やバス内でも一切気にせず大声で電話を使っている人が多く、日本のような注意を見ることも聞くこともない」（総務省［二〇〇八：二二］）という事実も存在する。これは本書の〔基礎講座１〕で示されたように、「社会常識」を構成する三要素の一つである「見識」は時代や地域によって異なるという一例である。したがって、わが国において常識的な日常生活を送るのであれば、海外の例にとらわれることなく、自分の生活する社会集団で通用する常識に従うべきであろう。

(2) 携帯サイトとは――契約者固有IDと個人情報

iモードに代表される携帯サイトには、キャリア（携帯電話会社）が認めた「公式サイト」とそうではない「一般サイト（勝手サイト）」が存在する。前者はキャリア公認のため比較的安全で、質の高いものが多いといってよいだろう。一方後者はキャリアの公認がないため玉石混交である。かつてはキャリアによる回収代行（サイトの情報料をキャリアが利用者から通話料と合わせて回収し、手数料を引いた上でサイト運営者に支払う仕組み）を利用するために大手サイトが公式サイトになることを望む傾向があったが、今日では広告モデルをはじめとする回収代行以外でのマネタイズ手法が普及しつつため、大手サイトや著名なサイトであっても「一般サイト」の形態を取ることが珍しくない。mixi（株式会社ミクシィ）、GREE（グリー株式会社）、モバゲータウン（株式会社ディー・エヌ・エー）の会員数は、平成二一年一二月時点において延べ五一一二万人にも及ぶ（総務省［二〇一〇：二］）にもかかわらず、これらのサイトはいずれも「一般サイト」の形態を採用している。

このような携帯サイトを利用するためには、「契約者固有ID」を利用することが多い。契約者固有IDとは、利用者が携帯電話インターネット上のウェブサイトを閲覧した際に、ウェブサイト側に送信される、ブラウザや端末を特定する情報（同［二〇一〇：四二］）である。iモードの場合は「ユーザID」や「iモードID」と呼ばれ、EZwebの場合は「EZ番号」と呼ばれるなどキャリアによって表現は異なるが、基本的な仕組みは同じである。契約者固有IDは携帯電話の契約者ごとに付与される固有のIDであるために、先に第一項で説明した「IDとパスワードを使ったログイン」と共通する部分も多い。すなわち、携帯電話であるサイトにアクセスすると、契約者固有IDがサイトに通知される。利用者が意識することは少ないが、この時点でログインが成立しているのである。サイト側では契約者固有IDをみて、それぞれの利用者ごとに応じたサービスを提供することが可能となるのである。例えば、鉄道路線検索サイトでは自分がよく使う駅が選択肢の上位に表示されたり、ゲームサイトで自分のプレイヤー情報が表示されたりするが、これらは契約者固有IDをもとに実現しているのである。

このように契約者固有IDは、携帯サイトを利用するには欠かせないものであるといえよう。だが、一方では、契約者固有IDが自動的に携帯サイトに通知される点については、個人情報の観点から懸念する意見も存在する。実際には利用者の操作によって契約者固有IDの通知をオフにすることも可能であるが、オフにするとほとんどの携帯サイトが使えなくなる上に、携帯電話の初期設定では契約者固有IDの通知がオンになっているために、多くの利用者は意識せずに契約者固有IDをアクセス先の携帯サイトに通知しているのである。しかし、総務省の見解では、契約者固有IDは個人情報保護法が定めるところの「個人情報」にはあたらないとしている。契約者固有IDそのものはランダムな英数字からなる文字列であり、「個人識別性を有しない」（総務省［二〇一〇：四二］）としている。だが、契約者固有IDそのものからは個人情報を読みとられることがないとしても、契約者固有IDの扱いを疎かにすることが個人情報漏洩の遠因となることが考えられるのである。それについて以下、述べてゆくこととする。

（3）見知らぬメールのURL

携帯電話がインターネットに対応し、携帯サイトへのアクセスや電子メールの送受信が可能になったことによって、携帯電話を狙った「迷惑メール」が横行することとなった。その内容は、出会い系やアダルト系などの明らかに怪しいものから、一見すると真面目にみえるものなどさまざまであるが、そのほとんどがメール本文に書かれているURLをクリックさせようとするものである。このようなURLをクリックすると、違法な出会い系サイトや薬物販売サイトへ飛ばされることが多い。それだけでなく、アクセスするといきなり「登録完了画面」が表示され、登録料を指定の口座に振り込むよう脅迫まがいの文章で脅すサイトに飛ばされることもある。これがいわゆる「ワンクリック詐欺」と呼ばれるものである。ワンクリック詐欺サイトの「登録完了画面」には「あなたの個人情報を記録しました」という文言とともに「契約者固有ID」を表示することで、アクセスした者を焦らせようとするものもある。しかし、すでに指摘したように、契約者固有IDそのものは個人情報ではない。契約者固有IDの文字列からは、利用者の名前や住所、生年月日などはわからないからである。このようなワンクリック詐欺については無視するのが一番である。請求されるままに支払いを行うと、別の理由をつけて新たな請求をしてくるからである。

しかし、筆者は「契約者固有IDそのものは個人情報ではない」という点について補足をしておきたい。確かに意味不明な英数字の文字列そのものからは個人情報を読みとることができないが、契約者固有IDをキーにすることで、その利用者の他の情報と紐づけを行い、個人情報を取得することは不可能ではないからである。例えば、不正業者が送信する迷惑メールに記載されるURLはメールごとに異なっている。送信予定先のメールアドレスとURLをセットにして、あらかじめ記録した上で送信するのである。これを受信した人がクリックしてサイトにアクセスすると、不正業者はどのURLがクリックされたかがわかる。これを先の「メールアドレスとURLのセット」と参照することで、結果的にどのメールアドレスの所有者がアクセスしてきたかがわかるのである。さらにこの時点で契約者固有IDが入手できるので、利用者の「メールアドレスと契約者固有IDのセット」を作ることができる。もっともこの方法は、健全な多くのサイトが採用している、いわゆる「空メール登録」の方式であり、それ自体は悪いことではない。だが、このように、契約者固有IDをキーにすることで、利用者の他の情報と紐付けができるという事実は、認識しておく必要があるだろう。例えば、この不正業者が一見すると健全にみえるサイトを別に運営していたとして、そのサイトを信用して住所や氏名などの個人情報を入力していたとしたらどうなるであろうか。このサイトでも同一の契約者固有IDが入手できるので、契約者固有IDをキーにすることで、個人情報を紐付けて悪用することが可能となるのである。あるいは、他のサイト運営者や名簿業者などから、契約者固有IDとセットになった個人情報を購入することで紐付けを行う可能性もあるのである。

（4） 架空請求の仕組み

先に述べた架空請求は携帯電話のメールアドレス宛てに送られるケースであったが、他にもパソコンのメールアドレス宛てに送られるものの他に、直接電話を掛けてくるケースやハガキで請求が届くケースも存在する。電話番号や住所は一般の電話帳や、あるいは、名簿業者から入手したものである。メールアドレスはランダムに生成して送ったアドレスがたまたま自分のアドレスと一致したか、あるいは、インターネット掲示板に書き込んだアドレスが拾われて使われた可能性もある。いずれにせよ、身に覚えがなければ基本的には無視するのが一番だが、ハガキは架空請求の証拠として捨てずに保存するべきである。また、執拗なケースについては警察に届ける必要があるだろう。

このようにいくつか存在する架空請求だが、筆者は携帯電話宛てにメールで送られるケースに特に注意が必要であると考える。なぜならば、携帯電話は利用者にとって「二四時間、三六五日、三〇センチ以内に必ずある」端末であり、メールの送受信とサイトへのアクセスが可能だからである。これはつまり、先に指摘した個人情報の紐づけが容易であることを意味する。例えば、まったくデタラメな請求内容とURLが記された架空請求メールのケースを考えたい。ここに記されるURLについては「支払うためにはこのURLをクリックするよう」指示するケースもあれば、逆に、「身に覚えがなければ請求リストから除外するのでこのURLをクリックするよう」仕向けることも考えられる。いずれにせよ、クリックしてサイトにアクセスすれば、先に述べた方法で「メールアドレスと契約者固有IDのセット」が作られることになる。さらに、アクセスしたサイトに「氏名や住所、電話番号」などを入力する欄があったとするとどうなるであろうか。いわれるままに入力すれば、「メールアドレスと契約者固有IDと個人情報（氏名や住所、電話番号）のセット」が完成するのである。これをもとに、架空請求のハガキが送られたり、直接電話が掛かってくることが考えられる。

また、携帯サイトはパソコンのサイトとは違って、携帯電話特有の機能を盛り込むことができる。その一つに「PhoneTo機能」がある。これはクリックするだけで、あらかじめサイトが設定した電話番号に電話を掛けさせることができる機能である。通常の携帯サイトでは、「お問い合わせ」などのページに「PhoneTo機能」を用意することで、利用者に電話番号の入力の手間を省かせるメリットがある。しかし、架空請求の携帯サイトがこの機能を使った場合、利用者は不正業者に電話をかけることになってしまう。当然ながら、着信履歴から電話番号が収集されてしまうのである。他にもUserAgent（ユーザーエージェント。携帯電話の機種名やブラウザ情報）を「あなたの個人情報を記録した」と称して脅かす手段もあるが、UserAgentは同じ機種の携帯電話を使っている人間であれば、誰がアクセスしても基本的には同じ文字列しか表示されないため、これは個人情報ではない。しかし、意味ありげな無機質の文字列が表示されると、不安に感じる人は多いと思われる。

以上のように、本項では「契約者固有ＩＤ」を中心に個人情報とセキュリティについて述べてきた。「契約者固有ＩＤ」については一見すると技術的な内容である上に、携帯サイトの利用者よりも携帯サイトの運営者側にとって必要な知識とされる傾向がある。しかし、すでに指摘したように、携帯電話が大学生のほぼ全員に普及したことを考えるならば、携帯電話を使う者は情報リテラシーのひとつとして「契約者固有ＩＤ」について知っておくべきであろう。

5 大学生とＩＴ犯罪

本節では、大学生によって行われたＩＴ犯罪について取り上げたい。「最高学府」である大学で学ぶ者として、このような犯罪に手を染めることがいかに非常識であることを認識してもらいたい。

(1)　口座売買

二〇〇九年、大学生から二五〇万円を脅し取ろうとして大阪府の大学生が逮捕された。この学生は振り込め詐欺に使うための預金通帳を買い取るなどして集め、振り込め詐欺グループに売っていたとされる（産経新聞、二〇一〇年五月二一日付）。このように振り込め詐欺を中心とした犯罪目的のために他人名義の銀行口座を入手する手段として、銀行口座を開設させてその口座を買い取るという方法がある。その対象として大学生が狙われるケースもあるが、本件は大学生自らが他人名義の口座を買う側に回るという悪質なケースである。口座売買については、「犯罪による収益の移転防止に関する法律（平成一九年法律第二二号）」第二六条によって譲り受ける側も譲り渡す側も「五〇万円以下の罰金」が科せられる。

(2)　振り込め詐欺

振り込め詐欺とは、いわゆるオレオレ詐欺（恐喝）に代表される犯罪の総称である。親族を装うなどして電話をかけ、会社における横領金の補てん金等のさまざまな名目で現金が至急必要であるかのように信じ込ませ、動転した被害者に指定した預貯金口座に現金を振り込ませるなどの手口による詐欺（または、恐喝）である（平成二一年『警察白書』）。二〇〇八年には東京都の大学生が息子を名乗って女性に電話をかける手口で振り込め詐欺をしたとして、組織犯罪処罰法違反（組織的詐欺）容疑で

図 5-3　携帯電話の名義貸し当事者の職業別内訳

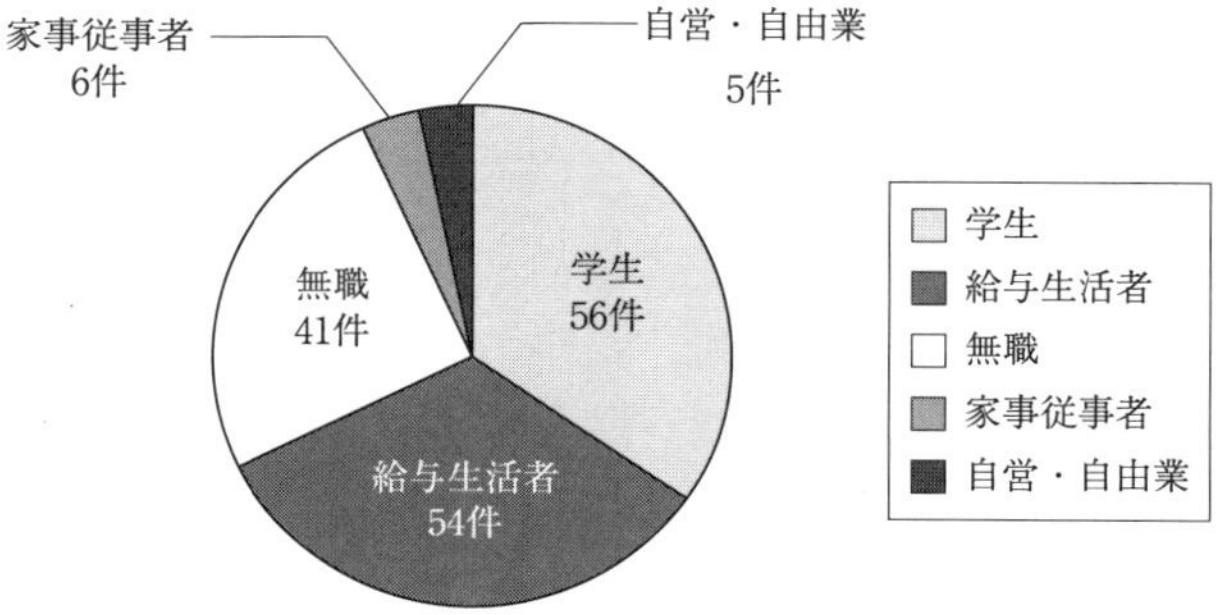

注：数字は PIO—NET（全国消費生活情報ネットワーク・システム）に対して2006年度から2008年９月11までの間に寄せられた、携帯電話の名義貸しをした本人からの相談件数の合計である。
出所：独立行政法人国民生活センター　記者説明会資料

逮捕されている（朝日新聞、二〇〇八年四月三日付）。

（3）名義貸し

特に多いものが、「携帯電話契約の名義貸し」である。インターネット上などで「一日でできる仕事」などの謳い文句で募集が行われており、これに応募すると携帯電話の契約料金を渡される。そして、本人の名義で複数の携帯電話を契約させられ、かつ、これらの携帯電話本体は、「名義貸し」を募集した人物に渡すというものである。このような他人名義で集められた携帯電話は、先に述べた「振り込め詐欺」等の犯罪で使われることが多い。また、犯罪行為で使われた高額の通話料は、契約名義である「名義貸しをした本人」に請求される。しかし、**図5-3**に示したように、名義を貸すことの重大性を認識していない大学生が数多く巻き込まれている。

（4）　ID売買

第一項で指摘したように、インターネットサービスにおける「ＩＤ」はインターネット上の社会における「本人の証明」である。そこで、インターネット上で犯罪を目論む者は、第三者のＩＤを入手することで、本人の身元を偽って犯罪行為に及ぶことが考えられる。これに対して、多くのサービス提供側は、ＩＤの譲渡や売買を利用規約で禁止している。例えば、インターネットポータルサイト大手Yahoo! JAPANでも「売買されたYahoo! JAPAN IDは、詐欺などの不正行為を行う第三者に渡り、悪用されて」いるとして、「Yahoo! JAPAN IDの第三者への譲渡、貸与などを禁止」している（Yahoo! JAPANより）。販売したYahoo! JAPAN IDが犯罪に使われた場合は、犯罪を行った当事者だけではなく、Yahoo! JAPAN IDを販売した者も犯罪に加担したことになる。なぜならば、販売の報酬として受け取った金品は、被害者から詐取した金品を共有することになるからである（同サイトより）。

（5）　出会い系サイト

出会い系サイトとは、インターネットを通じて不特定の男女が出会いを目的としたコミュニケーションを行うサイトの総称である。出会い系サイトでは一八歳未満の少年少女が犯罪に巻き込まれるケースが後を絶たず、大学生が加害者として逮捕されるケースも多くみられる。二〇〇九年には千葉県の男子大学生が女子高生とみだらな行為をしたとして、県青少年健全育成条例違反の疑いで逮捕された（産経新聞、二〇〇九年五月一二日付）。一方では出会い系サイトを利用するやましさを悪用した犯罪も後を絶たない。二〇〇四年には、出会い系サイトの利用料金を架空請求して現金をだましとったとして、埼玉県の大学生ら四人が逮捕された。約七〇人から五〇〇〇万円以上騙し取ったとされる（財団法人インターネット協会）。

(6) 不正アクセス禁止法

二〇〇六年、大学生が旅行会社のサーバに対し、セキュリティのぜい弱性をつく手法により不正アクセスを行い、サーバに蔵置されていた同社会員の氏名、住所、会員ＩＤ・パスワードなどの個人情報を不正に入手して不正アクセス禁止法違反の疑いで逮捕された（警察庁「平成一七年上半期のサイバー犯罪の検挙及び相談受理状況等について」）。また、二〇〇九年には、他人のＩＤとパスワードを使ってオンライン・ゲームを行い、ゲーム上で所持する他人のアイテムを奪ったとして、不正アクセス禁止法違反の疑いで、愛知県の大学生が逮捕された（産経新聞、二〇〇九年一〇月七日付）。不正アクセス禁止法（正式には「不正アクセスの禁止等に関する法律」）では、他人のＩＤ・パスワードを無断で使用する行為を禁止しており、これに違反した者は一年以下の懲役または五〇万円以下の罰金が科せられる（神田［二〇〇六：五二―五三］）。

(7) ファイル共有ソフト

二〇〇七年、大阪府の大学院生が、テレビアニメーションの静止画像をファイル交換ソフト「Winny」を通じて権利者に無断でアップロードし、不特定多数のインターネットユーザーに対して送信できるようにしたとして、著作権法違反(公衆送信権侵害)の疑いで逮捕された。しかもこの静止画にはコンピューターウイルスが仕掛けられるという悪質なものであった(社団法人コンピュータソフトウェア著作権協会)。

引用・参考文献

ITmedia News「mixiで一九歳が飲酒運転を告白　大学が「指導不十分」と謝罪」 http://www.itmedia.co.jp/news/articles/0611/14/news057.html (2010/8/6)
犬塚先(二〇〇六)『情報社会の構造　IT・メディア・ネットワーク』東京大学出版会
大野豊監修(二〇〇五)『情報リテラシ　第四版』共立出版株式会社
大島武・寺島雅隆・畠田幸恵・藤戸京子・山口憲二(二〇〇四)『ケースで考える情報社会』三和書籍
神田将(二〇〇九)『インターネットの法律とトラブル解決法　全訂版』自由国民社
金融庁「犯罪による収益の移転防止に関する法律」(平成一九年法律第二二号) http://law.e-gov.go.jp/cgi-bin/strsearch.cgi (2010/8/6)
警察庁『平成二一年　警察白書』 http://www.npa.go.jp/hakusyo/h21/honbun/pdfindex.html (2010/8/9)

警察庁「平成一七年上半期のサイバー犯罪の検挙及び相談受理状況等について」 http://www.npa.go.jp/cyber/statics/h17/h17_02.html（2010/8/9）
財団法人インターネット協会「インターネット有害情報に関する調査報告書」 http://www.iajapan.org/hot-line/200503chousa/houkoku.pdf（2010/8/9）
ＪＲ東日本「車内における携帯電話マナーのご案内の統一について」 http://www.jreast.co.jp/press/2003_1/20030812.pdf（2010/7/10）
社団法人コンピューターソフトウェア著作権協会「Winnyによる三度目の公衆送信権侵害事件、三人を逮捕」 http://www2.accsjp.or.jp/criminal/2007/0721.php（2010/8/9）
社団法人コンピューターソフトウェア著作権協会「WinnyやShareを使わないで！」 http://www2.accsjp.or.jp/books/pdf/file_sharing.pdf（2010/8/9）
社団法人電気通信事業者協会　http://www.tca.or.jp/（2010/7/10）
自由国民社（二〇〇九）『現代用語の基礎知識　カタカナ・外来語／略語辞典』
杉田米行編（二〇〇四）『インターネットの効率的学術利用』成文社
鈴木謙介（二〇〇七）『ウェブ社会の思想』日本放送出版協会
妹尾堅一郎（二〇〇四）『知的情報の読み方』水曜社
総務省（二〇〇九）『平成二一年版　情報通信白書』
総務省「電波が植込み型医療機器におよぼす影響［携帯電話・ＰＨＳ端末］編」 http://www.tele.soumu.go.jp/resource/j/ele/body/1-03.pdf（2010/7/10）
総務省（二〇〇八）「閉空間における携帯電話端末の電波の状況について」 http://www.soumu.go.jp/main_

content/000032350.pdf（2010/7/10）
総務省（二〇一〇）「利用者視点を踏まえたＩＣＴサービスに係る諸問題に関する研究会第二次提言（案）」http://www.soumu.go.jp/main_content/000061991.pdf（2010/7/10）
総務省郵政事業庁（一九九八）『通信白書　平成一〇年　通信に関する現状報告』
独立行政法人国民生活センター「記者説明会資料」 http://www.kokusen.go.jp/pdf/n-20080918_3.pdf（2010/8/9）
博報堂（二〇〇四）「一〇〜三〇代男女の携帯電話利用状況調査」 http://www.hakuhodo.co.jp/pdf/2004/20040319.pdf（2010/7/10）
BSA（BUSINESS SOFTWARE ALLIANCE）http://www.bsa.or.jp/
Yahoo! JAPAN「やめようＩＤ売買」 http://special.auctions.yahoo.co.jp/html/idbaibai/index.html（2010/8/9）

（炭谷大輔）

講座6

コンプライアンス(法令遵守)の「社会常識」

講座のポイント

- 法令を守ればそれでよし、か？
- 世の中は、信用の世界。
- 誰が守ってくれるのか？ 自己防衛と自己責任。

キーワード

急性アルコール中毒　CSR ストーカー　世間
部分社会　法化社会　未成年者飲酒禁止法
未成年者喫煙禁止法　薬物事件　雪印事件

1　法を守るとは何か

「法化社会」という言葉に象徴されるように企業はコンプライアンス（compliance：法令遵守）を強化することで、社会的責任を果たさなければならない時代に入った。すなわち、経済社会における法令の機能の強化が図られ、法令が社会の中心部分の至るところに存在するようになってきた。

コンプライアンスというものは、単に会社だけでなく、社会や学校などあらゆる団体・集団の中で、人間が幸せに生きていくために必要な一定のルールを守っていくことという意味にとることもできる。大学、および、学生も例外ではない。大学の構成員たる学生はコンプライアンスに関する限り特別な存在でもなく、市民として社会の監視の目にさらされている。学生も、人として守るべき規範を理解し行動することが強く求められている時代なのである。

（1）社会規範と社会的正義――法倫理

「社会あるところに法あり」という法格言がある。この格言の出典・由来は明らかではないが、古今東西にわたる世界の歴史の中で、無数の法や法律が存在したことは事実であろう。

この格言にある「法」とは何か？　この法の代わりにルール、約束ごとというような言葉にいい換えてみる。つまり、「社会生活の営まれているところでは、必ずその社会の約束ごとがある」といった意味で理解してみよう。われわれは、日常生活を送る上で、いつも法律を念頭において行動しているわけではない。法律を知らなくても、他人を傷つけたり、借りた金を返さないことが悪いことだということを知っている。「他人を傷つけてはいけない」、「借りた金は返さなければならない」、「人をだましてはいけない」と思うのは、まずもって道徳的しつけによるものであったり、社会的常識であったり、人間としての信用にかかわるということを知っているからである。

社会の秩序は、多くの場合、法律以前のさまざまな約束ごと（例えば、道徳、倫理、宗教、習俗、慣行など）によって保たれている。これに反する行為を行った場合、信頼関係を失ったり、非難の眼を向けられたり、何らかの不利益を被ったりする場合がある。このように、われわれが日常生活の上での行動を律するものを〝規範〟という。

学校や会社、サークルなどのいわゆる「部分社会」の内部にも学則・校則、就業規則、会則などのような、その構成メンバーを実際に規律している規範・ルールがある（これを「生ける法」と呼ぶこともある）。例えば、大学の試験でカンニングといった不正行為をすれば、何科目を無効とするといった大学独自の決まり・懲戒規定をおいたり、企業では就業規則違反の場合の懲戒規定などを策定しているのである。「社会あるところに法あり」は、まず、このような人間関係を枠づける規範・ルールの問題として理解することができる。このような「法」は、「国家が作る法」、「国家あるところに法あり」という場合の法とは区別される。この説明に入る前に、「世間」の問題に触れておく必要がある。

日本には「世間」という言葉がある。世間と社会とは同じものか。法学のテクストでは世間という言葉に言及されることはほとんどない。われわれは、世間という枠組みの中で生活している。誰もが、ある年齢に達すれば世間という言葉を知り、世間を意識しながら生活するようになる（「世間体」、「世間に顔向けできない」、「世間をおさわがせして申し訳ありません」などの表現を思い出してみよう）。それでは世間とは何か？　それは、阿部によれば、「個人個人を結ぶ関係の環であり、会則や定款はないが、個人個人を強固な絆で結びつけている。しかし、個人が自分からすすんで世間をつくるわけではない。なんとなく、自分の位置がそこにあるものとして生きている」そのようなものである。それでは、世間と社会とはどのように違うのか。ヨーロッパでは、社会という時、個人が前提となる（明治期に society に社会という訳語がつけられ、以後、学術用語として使用される）。その個人が集まって社会を作るとみなされている。したがって、個人の意思に基づいてその社会のあり方も決まるのであって、その社会を作り上げている最終的な単位として個人があると理解されているのである。これに対して、世間は個人の意思によって作られ、個人の意思で世間のあり方も決まるとは考えられてはいない。世間は所与のものと捉えられているのである。

われわれは、その世間から後ろ指を指されたり、相手にされなくなったり、世間に顔向けできなくなったりすることをおそれる。そのことは、「世間をお騒がせして申し訳ありません」という言葉に象徴的に示されている。「殺人を犯した出所者の行き先を調べた調査によれば、数十件の中の一件…を除いて、全員が出身地に帰れていない、それも家族ごと故郷を出ている。つまり、一言でいえば、犯罪者は世間から家族ごと永久追放なのである」（河合［二〇〇九：一七六］）という指摘は、世間のもつある側面を象徴的にあらわしているといえる。さらに、世間にはそれなりの掟がある。例えば、「葬式には出席しなければならない」、対等な関係においては、「貰った物に対してはほぼ相当の物を贈り返さなければならない」といったことである。まさしく「世間（あるところ）には法あり」である。

法とは何かを考える場合、まず、法と法律の区別をつけておかなければならない。法律は、国の唯一の立法機関である国会が議決したものである（制定法）。これに対して、法はこれより広い範囲を指すもので、「社会において何らかの意味で社会関係を実際に規律している社会規範」を意味する。

◉法の分類

憲法　国の最高法規で、憲法に反する法律、命令、規則などは無効とされる。

法律　国会が制定する成文法

命令　憲法や法律に従って行政機関が定める成文法。政令、内閣府令や省令がある。

規則　国の機関が、その内部を規律するために、自ら定める。裁判所規則や議院規則などがある。
条例　地方公共団体が定める。地方公共団体は、法律の範囲内で、また、法令に反しない限りにおいて制定できる。青少年健全育成条例など。

法は、人の行動に一定の影響を与える点では、他の社会規範と同じである。しかし、法は、権利と義務の関係をあらわすという点で、他の規範とは異なる。例えば、AさんのBさんに対する義務は、BさんのAさんに対する権利である。「権利と義務は表裏一体」なのである。この点でいえば、道徳や倫理といった規範は、義務（「～をしてはならない」「～をしなければならない」）を中心とするものであるが、法はその義務に対応する権利概念をもっているのである（「法は権利の体系」といわれる）。

さらに、法は、例えば「人を殺すとこれこれの刑罰を加える」というように「一定の条件のもとでは強制力の行使を明示する」ことによって、人々の行動を規制したり、紛争を解決したりする「社会技術の体系」である。そして、法の実現が国家の権力によって支えられている点でも、他の規範とは決定的に異なる。国家は、刑罰行使の権限、紛争の最終的解決の権限を独占しているのである。

ところで、世間、あるいは、社会では、市民と市民の間に利害や意見の違いがあるわけで、いくら世間の掟、社会のルールに忠実・従順であろうとしても、そこに争いが起こることは避けられない。紛争が起こった場合、その解決は、世間、あるいは社会の内部で行われることになる。当事者の間での話し合いによる解決や第三者のもとでの解決が図られる（裁判外の紛争処理方式：Alternative Dispute Resolutions; ＡＤＲ）。しかし、不調に終わった場合、この問題は「法による解決」、「法的手段による解決」（法の実現）にもち込まれることになる。法の実現は、いうまでもなく裁判という制度に委ねられる。今日、われわれが裁判の当事者になれば、裁判所が法・法律を適用して下す判決に拘束されることになる。法・法律を無視したり、それに違反した者は誰であれ、裁判所に訴えられる可能性があり（「法の不知は許されない」）、そうなった場合、判決に従わなければならない。刑事事件で有罪判決を受ければ懲役刑や罰金刑に処せられることになるし、民事事件で敗訴すれば、損害賠償などが義務づけられることになる。

このように、法的解決を与えることによって法の遵守（「法を守れ」）を強制する裁判所は、それ自体、一つの国家機関である。したがって、「法の内実は国家による実力の行使」ということができる。しかし、法が国家の物理的な強制力＝実力行使を根拠づけ、正当化する反面、同時にそれを制約する働きをしていることも忘れてはならない。国家・国家機関・公務員による権力の行使（裁判手続き、犯罪の捜査・取調べ、税金の徴収や使い方などなど）は、恣意的に行われてはならず、法が要請する内容を厳しく守ることも、法は強制しているのである。

（2）企業におけるコンプライアンス

なぜ、企業のコンプライアンスが重要かについて、郷原と伊藤はそれぞれ次のように述べる。

「二〇〇〇年前後から、経済構造改革の名の下に、経済活動や企業活動が大幅に自由化される一方、様々な分野で法令の強化・徹底が進められていきました。そして、その頃から、頻繁に聞かれるようになった言葉が『法令遵守』を意味する『コンプライアンス』です。『法化社会』という言葉に象徴されるように、経済社会における法令の機能の強化が図られ、法令が社会の中心部分の至るところに存在するようになってきたのです」（郷原［二〇〇九：一九一］）

「コンプライアンスという考え方が急激に必要になってきたのはなぜか。」「企業に求められるものが広がったからではないかと思われます。すなわち、法令遵守と言っても単に法律を守るだけでなく、いわゆる社会的責任を果たすことが要求されるようになってきました。それは、企業が大きくなればなるほど、企業のブランドイメージの維持・向上のために必要となるのです」（伊藤［二〇〇七：三〇］）

「法化社会」化への流れの中で、企業はコンプライアンスを強化することで、社会的責任を果たさなければならない時代に入ったという認識が示されている。このような、時代の要請に拍車をかけたのが、企業による一連の不祥事(1)であった。

雪印事件を取り上げてみよう。平成一二年六月から七月にかけて近畿地方を中心に雪印乳業の乳製品で食中毒が発生し、一万三〇〇〇人の被害者が出た事件が起こった。雪印乳業が、食中毒を認知してから回収まで二日かかり、被害が拡大した。社長ら経営幹部が記者会見で不適切な発言をくりかえすなど危機対応に失敗し、社長が食中毒発生後わずか九日で辞任に追い込まれた。一年半後の平成一四年一月に雪印食品の牛肉産地の偽装事件も発生し、雪印グループ全体の信頼性・ブランドイメージの低下を招き、雪印食品が解散し、雪印グループ全体が実質的に解体・再編されるという、これまでに例のない厳しい結果をもたらすことになった。

後藤は、食中毒事件について、食中毒の疑いがあると判断できた段階で、直ちに情報を開示して製品を回収すべきであったとして、対応の遅れが被害の拡大と信頼の著しい失墜をもたらしたこと、社長以下の経営トップが、事実関係を正しく把握することなく記者会見に臨み、準備不足の、不適切な発言を行い、経営者の能力、信頼性へのなさの印象をあたえ、かえって企業に対する不信感を増幅させる結果となったことを指摘している(後藤[二〇〇六:五〇])。

さらに、雪印食品の産地偽装事件について、後藤は、次のように指摘する。

「雪印食品は、内部通報で不正がなされているという情報を把握していたにもかかわらず、十分な内部調査を行わず、せっかくの内部通報を生かすことができなかった。不正があったことを自ら認め、責任者の処分と再発防止策を打ち出すことにより、コンプライアンス重視の姿勢と改善に向けた取組みをアピールするチャンスを失った」(後藤［二〇〇六：五四］)。

近年、国民の企業に対して向けるまなざしが厳しくなってきた。雪印事件のような重大な不祥事、とりわけ「違法な行為により利益を得ようとするような不祥事を起こした企業に対しては、極めて厳しい。そのような企業のブランド価値は一気に喪失するという状況」がある(後藤［二〇〇六：四］)。こうした企業に大きなダメージを与える不祥事は、ほとんどの場合、企業のコンプライアンスの欠如が原因となっているのである。

コンプライアンスは、法令、規則等の遵守(2)を意味する言葉として理解される。企業コンプライアンスとは、企業は法律や規則その他のルールに従って企業活動を行うことを指す。一般的に、①企業が組織として遵守すべきルールを社内規則化するなどして明確化すること、②こうした規則を社内で徹底させること、③遵守状況や違反の発生状況を把握し経営陣に報告すること、④違反発生時には適切な対応を行う、というプロセスでコンプライアンスを確保することを意味する。

企業は、社内にコンプライアンス専門の部署を設置し、コンプライアンス規程やマニュアルなどを策定し、それについての研修を行うなど、社内のコンプライアンス体制を構築・維持し(前記①、②)、コンプライアンス違反があった場合には早期に発見するために、内部通報制度を設け、法令や

表 6-1　CSR とは何か

①法令の文言を守る「狭義のコンプライアンス」(悪事を避ける、詐欺的であってはならない、盗んではならない、法令の文言を遵守する)
②法令の精神まで主体的に遵守し、社会の求める人道的要請に応える「倫理実践」(他を傷つけない、地域社会に害を与えない、人権を尊重する、よく配慮する、正しいことを行う、正直である、公正である、法の精神を実践する)
③主体的に自ら犠牲を払いながら社会的善の実現に貢献する「社会的貢献」(他を助ける、地域社会をよりよいものにする、人間の尊厳を促進する、勇気をもって取り組む)

企業倫理に関する相談や通報を受け付けるなど、早期に是正できる体制を構築すること（③、④）が求められているのである。さらに、コンプライアンスは、法令遵守だけでなく、その他社会的な要請に応えることをその内容としているという理解がある。その理解によれば、コンプライアンスは、ＣＳＲ（Corporate Social Responsibility：企業の社会的責任）と同義であり、社会規範や倫理の遵守、社会への貢献も含むものと捉えられる。

法令遵守から社会的貢献までを内容とするＣＳＲは表6-1のように整理される（高巌＋日経ＣＳＲプロジェクト［二〇〇四：三八］)。「企業の社会的責任」は、企業活動のプロセスに前記の内容を組み込み、ステイクホルダー（株主、従業員、顧客、環境、コミュニティなど）に対しアカウンタビリティーを果たしていくこと、その結果、経済的・社会的・環境的パフォーマンスの向上をめざすことである（谷本［二〇〇四：五］)。

以上、紹介してきたコンプライアンスについて、コンプライアンスは企業についてのみ必要とされるのかという素朴な疑問がわく。これについては、伊藤が簡潔に答えてくれている。

「コンプライアンスというものは、単に会社だけでなくて家庭の中や子どもたちの社会や学校などあらゆる団体・集団の中で、人間が幸せに生きていくために必要な一定のルールを守っていくことという意味にとることもできます。ですから、企業のコンプライアンスというものをしっかり理解することは、私たちが社会の中で心地よく生きてゆくための術を学んでいくことにつながるわけです」（伊藤［二〇〇七：三〇］）

2　学生とコンプライアンス――規範を守る

（1）　大学生活とコンプライアンス

大学において、新入学生の高校生活から大学生活への意識の転換、大学生活への適応の働きかけなど、初年次教育の重要性が叫ばれている。

二〇〇九年度現在で、四年制大学は国立大学八六校、公立大学六九校、私立大学五八九校、合計で七四四大学があり、学部は約二〇〇〇、在学生は約二五〇万人にのぼる。短大生を含めた進学率は五〇％を超える。マーチン・トロウの分類によれば、大学に誰もが入れる段階で、ユニバーサル・アクセス型に分類される。このような大学のユニバーサル化によって、大学に適応できない学生たちが大量に入学するようになってきたという問題がある。多くの大学は、このような学生に対して、初年次に大学に適応させるためのプログラムを用意するようになった。初年次教育の目的の中で重視すべきものとして、「人として守るべき規範を理解する」という項目があげられている（友野［二〇一〇：三五］）。「規範遵守」教育および「自己防衛」教育がコンプライアンス教育を構成する。ここでは、大学生の犯罪、不正行為など学生の陥りやすい問題について、初年次教育を意識しながら、学生の自己防衛意識の啓発の観点から述べてみよう。

学生の責任

大学生活は、自分で組み立てるのが基本である。勉学を中心に大学生活を組み立てる者、部活・サークルを中心に大学生活を組み立てる者、大学では授業だけに出てそれ以外は大学外の世界を中心に生活を組み立てる者などさまざまである。それぞれのスタンスによって、大学生活のパターンが決まってくる。平均的大学生像をつかむことは容易ではない（あるべき学生像は多様にあり、一つの像におさまらない）。

大学、および、大学の教職員は、さまざまなタイプの学生の生活にある程度まで責任を負う。ある程度と表現するのはその境界があいまいだからである。最近、大学内での盗難事件の報告が多くなされる。教室で、食堂で、学生ラウンジで、部室で盗難事件が頻発している。盗難事件が起こると、「学生サポート」の部署に届け出るが、犯人の特定や盗まれた物が戻ってくることはほぼ絶望的である。警察に被害届を出すこともまれである。大学はさまざまな人間が自由に出入りする場であり、不審者などはチェックされるにしても、犯人を特定することは容易ではない。大学では、席を立つとき貴重品は置いておかないようになどと掲示し、繰り返し犯罪予防・規範意識の啓発のキャンペーンをはっている。学生の規範意識の希薄化、一方で危機意識の低さが指摘される理由がここにある。大学という空間は、自立・自律した学生像を前提にした自己責任、自己防衛が強調されなければならない空間でもある。

一方、部活動に属する学生の不祥事については、学生の責任が問われると同時に部の管理責任がするどく問われる場合がある。運動部などのクラブ員の不祥事は多く報道されている。薬物、強制わいせつ、暴力、強盗、不正乗車など多岐にわたる。原因の究明、再発防止のための取り組み、関係者の処分などを公にして大学の姿勢を認知してもらう。教育機関としての大学であればこそ、世間の目も厳しいものがある。当該大学の存在意義そのものが問われることも少なくない。

犯罪や不正行為を行った学生にかかわる大学のコンプライアンスは、規範意識の啓発、そして、自己防衛の視点からの危機意識の啓発であり、加害行為を行った学生への対応であり、被害者たる学生へのケアなのである（大学経営や教職員にかかわる不祥事についてはここでは触れない）。

大学も市民社会を構成する「部分社会」的な性格をもつものである以上、そして、大学の社会的な使命・役割が変容しつつある現在、大学の構成員たる学生はコンプライアンスに関する限り特別な存在でもなく、市民として社会の監視の目にさらされている。「学生の特権」、「学生だから許される」ことは、大部分なくなりつつあるのである。

飲酒・喫煙

飲酒について考えてみよう。大学には「新入生歓迎」、いわゆる新歓の行事が存在する。部活、サークルによる歓迎会である。歓迎会には酒がつきものである。歓迎会としてのコンパで酒を飲ませ、飲まされた挙句「急性アルコール中毒」で病院にはこばれ、あるいは、死に至るという事態が毎年のように報道されている。かつては大目にみられた未成年者を含む学生たちの飲酒も、社会的な批判が起こることによって、大学の対応も厳しいものになっている。ここでは「大学生といえども未成年の飲酒はゆるされない」、「飲酒の強要はゆるされない」という建前・正論の前には、抗弁しえないのである。未成年者の飲酒は、大正一一年に施行された「未成年者飲酒禁止法」により禁止されている。この法律は、未成年者の飲酒を制止しない親権者や酒類を提供した営業者に対する罰則を規定する。未成年者へは行政処分を規定するだけである。しかし、未成年者である学生に対しては、後述するように、場合によっては大学が処分を下すこともありうる。また、最近の事例として、ある国立大学が、コンパなどの飲み会を開く学生サークルに対し、参加者の氏名と店名、開始と終了の予定時間などを記載した計画書と、未成年者の飲酒や一気飲みを強要しないなどの誓約書を事前に提出させる方針を決定したという報道があった。この大学では運動部に所属する1年生がコンパで飲酒後に死亡するという事故が起きており、卒業生の追い出しコンパなどを控え、再発防止策として考えたという。

喫煙についても同様のことがいえる。「未成年者喫煙禁止法」という明治三三年施行の法律がある。「タバコは二〇歳から」の根拠となる法律である。この法律は、満二〇歳未満の者がタバコを喫することを禁止し、親がそれを制止しなかった場合には、親は科料に処せられ、未成年者であること知ってタバコを販売した売り手は罰金に処せられる旨を規定している。しかし、実際、すべての未成年者がこの法律を遵守し、まったく喫煙をしないということはないし（購入の場合本人確認を行うが、抜け道はある）、また喫煙した未成年がすべて逮捕され、処罰されるということもない。しかし、大学内においても、禁煙化の流れの中で、禁煙、分煙措置が進んでいる。学生の喫煙マナーの悪さや受動喫煙の影響が指摘される中、喫煙に対する社会的嫌悪も広がっている。タバコの購入も本人確認が行われ、未成年者のタバコの購入に歯止めをかけている。未成年学生が、タバコや酒を購入したいがために、学生証の改ざんを行い、大学から処分されるという例も報告されている。ある種「総監視社会」の中で、学生も厳しい視線にさらされているのである。

（2）学生コンプライアンスへの視点――懲戒と指導

学生の飲酒に関する裁判例を紹介する（表6-2）。

織田は、本件判決の解説において、次のように指摘している（織田［二〇〇四：三三三以下］）。

表 6-2　学生の飲酒に関する裁判例

事案　公立大学アルコール中毒死事件（宮崎地裁昭和60年10月30日判決　損害賠償請求事件） 宮崎県の公立大学において、1年生（未成年）が入学直後の学内球技大会後の寮の宴会において飲酒し、急性アルコール中毒による急性心不全により死亡した。学生の両親が大学設置者である宮崎県の安全配慮義務違反を理由に、損害賠償を求めた。 本裁判において、大学が学生に対し、入学に当たって、寮生活上の規律維持のため飲酒を厳禁する旨が記載されている資料を配布し、重ねて入学式後のオリエンテーション行事において、学生及び保護者に対し、その旨を指導し、違反者に対しては自宅謹慎等の処分をして反省させるとともに、他の学生に対しても自覚を促している事実が認められ、本件事故発生後の大学の対応も妥当なものであったとして、大学は安全配慮義務を尽くしているとして請求を退けた。

出典：『大学と法』333頁以下

「かっては、大学は、自律能力のある者の学問研究の場であるから、その教育活動においても学生の自主的判断に委ねられ、学生の行動については、大学は全く関知するところではないとの考えが支配していたといえる。……このような考え方を貫けば、大学教育活動に伴う事故については、学生自体が自主的に回避する注意義務を負うのであって、原則として、大学に安全義務はないということになる」。

本件のような未成年者を含むコンパのような活動は、学生が主体となって自主的に行われる。こうした活動上の事故については、大学がそもそも安全配慮義務を負うべき事柄であるのか。義務を負うとしてどの程度の義務を負うのかが、論点である。学生が自主的に行う場合でも、大学が公認している団体やグループであるならば、大学が一般的な安全義務を負うことは妥当性をもつ（部・クラブでの事故など）。しかし、本件のような場合、オリエンテーションやガイダンスといった機会に周知させ、掲示等でも公知することなどの措置をとっていれば、安全配慮義務を果たしているというのが、従来の裁判例の見解である。あとは、自己責任の領域なのである。

学校教育法施行規則第一三条二項は、「懲戒のうち、退学、停学及び訓告の処分は、校長（大学にあっては、学長の委任を受けた学部長を含む。）がこれを行う」と規定した上で、懲戒の該当要件を三項に規定する。すなわち、

①性行不良で改善の見込みがないと認められる者
②学力劣等で成業の見込みがないと認められる者
③正当の理由がなくて出席常でない者
④学校の秩序を乱し、その他学生又は生徒としての本分に反した者

各大学は、不祥事を起こした学生に対する指導と処分の指針を学校教育法、及び、上記施行規則に基づいて策定している。本件でも、飲酒にかかわった学生たちに対して、謹慎等の処分を科している。事件の内容、関与の程度、反省の度合い等を検討し、処分の内容を決定する。

処分の中でもっとも重い退学処分は、学生の権利、ないし、身分を剝奪する重大な処分である。佐賀大学退学処分事件判決（佐賀地判昭和五〇年一一月二一日訟務月報二一巻一二号二五四八頁）は、退学

処分の決定にあたっては、「実体上慎重な判断がなさる…べきであり、従って、その手続きにおいても、懲戒権者の恣意、独断等を排除し、その判断の公正を担保するため、処分を受ける学生に対し、弁明の機会を与えるなどの事前手続を経ることが望ましい」と指摘した。学生に対する処分を決定する際に、大学が「教育的で適正な手続き」を確保することは、大学のコンプライアンスの重要で不可欠な要素なのである。

（3） 大学生の犯罪と「自己防衛」

大学生の犯罪報道をみれば、薬物汚染、強姦・強制わいせつ、強盗が圧倒的に多い。大学生の犯罪については、統計上一八歳、一九歳の未成年の学生については追跡可能であるが、成人になった大学生については難しい。大学生の犯罪は増えているのか、どのような特徴があるのか。この問題については、少年非行事件の統計である「一般事件在学種別暦年比較」によって推測するしかない。少年犯罪を年齢別統計でみれば、年長少年（一八、一九歳）の平成二〇年度の人員は一万八一二一人（平成一六年度一万六六一九人）で、全体の二〇・三％を占める（一四・一五歳の年少少年四一・七％、一六・一七歳の中間少年三七・九％）。年長少年の割合が高い犯罪は、「覚せい剤取締法違反」（六〇・五％↑平成一六年、六四・五％）、殺人（四一・九％↑四六・五％）、強盗（三八・三％↑三一・一％）、強姦（三八・一％↑四六・一％）などである。平成一六年度との比較では、強盗を除いて、人員数、割合も減少している。年長少年のうち一八・一九歳学生の人員は、平成二〇年度一三七九人である。平成一六年度（一七三八人）以降減少傾向にある。在学種別の割合をみると、小・中学生二七・九％（二万四八六一人）、高校生三四・一％（二万八二〇八人）、大学生二・六％であり、比率でいえば、平成一五年度以降二％を超えるに至っている。大学生の犯罪の割合では、窃盗三二・六％、横領二二・〇％、住居侵入六・二％、傷害三・八％などの順となっている。

注目すべきは、少年の非行事件で、累非行（再犯に類するもの）の割合が増加傾向にあり、いわゆる薬物乱用非行に累非行少年の割合が高くなっていることである（毒物及び劇物取締法違反七〇・二％、麻薬及び向精神薬取締法違反六一・六％、覚せい剤取締法違反五八・八％）。さらに、累非行少年の年齢別割合をみると、一八歳五三・七％、一九歳で四九・八％に達している。在学種別にみても、累非行少年の割合は、大学生二四・七％（小・中学生二五・七、高校生三八・二％）となっており、年長少年、及び、大学生にとって「薬物汚染」、及び、「累非行」がキーワードとなりそうである（「家庭裁判所事件の概要」『家庭裁判所月報』六二巻二-二による）。

薬物事件　二〇〇八年から二〇〇九年にかけて大麻の栽培・売買・吸引などによって大学生が逮捕されるという報道が相次いだ（表6-3）。大学キャンパス内での取引きが行われていたとの報道もあり、社会的関心を呼んだ。薬物犯罪は、きわめて「累犯性」＝「再犯性」が高い犯罪であり、それゆえに刑罰も重い。銘記しておいて然るべき点である。大学が下す懲戒処分は例外なく退学だと

表 6-3　学生の薬物事件に関する報道

2007年11月10日	大学生が大麻取締法違反で逮捕
2008年 5 月16日	大麻所持で学生が逮捕!?学内で密売も…
2008年10月 2 日	大学構内で大麻栽培
2008年10月 5 日	学生 5 人が大麻取締法違反で逮捕
2008年11月 2 日	学生が大麻所持容疑で逮捕
2008年11月21日	学生が大麻取締法違反で逮捕

考えてよい。

大麻は、マリファナの名称で知られる、陶酔作用のある植物のアサのことである。葉や花を乾燥させたり、茎などから採取した樹脂を燃やして煙を吸引することで酩酊感、陶酔感、幻覚作用などがもたらされる。健康面での影響は、燃焼時のタールによって慢性的な気管支炎、ガンなどの原因となることも指摘されている。また、精神疾患としては、統合失調症や鬱、パラノイアなどの症例が報告されている。

大麻は、覚せい剤やハードドラッグと比較して、吸引による影響も罪の意識も相対的に低く、常飲性も薄いといわれているが、大麻を吸引することによってドラッグの世界にはまり込んでしまうきっかけともなる薬物である（「踏み石理論」）。

近年、覚せい剤などが、違法であることを隠し「リラックスできる」、「やせられる」などのうたい文句で出回っている。コカインやヘロインなどの麻薬・覚せい剤も注射や粉末から錠剤に形状を変えたり、分子成分を変えたりして別名で密かに売買されている。例えば、スピード、S・ヤーバー、クラック、エクスタシーなどである。

ほとんどのドラッグは、いわゆる覚せい剤や麻薬であって、何回か服用するうちに常習性ができ、服用を止めると禁断症状による幻覚・幻聴や被害妄想などを引き起こす。興味本位から、寂しさからの逃避から、友人の誘いを断れずに吸引し、気がついたときには後戻りできず、悲惨な結末を招かないようにしなければならない。大学の啓発活動の徹底、学生の自己防衛の観点からの遵守の自覚が不可欠である所以である。

ストーカー

ストーカー事件でよく知られているのは、一九九九年に起きた「桶川ストーカー殺人事件」である。被害者、及び、家族が執拗ともいえる脅迫や誹謗・中傷を受けた。相談を受けた警察は「民事不介入」として対応しなかった。その結果、最悪の事態が生じた。被害者は、ストーカーグループに殺害され、刑事事件となった。最高裁は二〇〇六年主犯格の男の上告を棄却し、無期懲役刑が確定した。

この事件では、被害者家族が提出した告訴状を、警察が被害届けに改ざんするなど、警察の怠慢が批判の的となった。遺族は、埼玉県を相手取り、国家賠償請求訴訟を起こした。二〇〇〇年に施行された「ストーカー行為等の規制等に関する法律」は、ストーカー行為の規制、被害者に対する援助措置をとることによって、個人の身体、自由および名誉に対する危害の発生を防止することを目的としている。「桶川ストーカー殺人事件」の苦い教訓に基づいてできた法律である。

同法によれば、恋愛感情にもとづく「つきまとい等」として、監視、押しかけ、待ち伏せ、いたずら電話やファックス、面会や交際の強要、性的羞恥心を害するあるいは名誉を害するような発言や文書の送付などを行う者をストーカーと定義している（第二条）。筆者の勤務校でも、（大学、アルバイト先等で知り合った人との）恋愛関係のもつれから、一方がストーカー行為に出て、相手方のみならず、その家族や友人に多大な被害（身体、自由、名誉）を与えたという事件があった。

ストーカーは顔見知りの人間であるとは限らない。たまたまどこかで見かけただけで、「恋愛感情」を抱かれてしまうこととケースも多くある。このような場合、たとえ直接危害を加えられなくても、精神的な不安や恐怖は大きい。ストーカー行為を受けていると感じたら、証拠を集めて、警察に相談にいくことが必要である。証拠とは、例えば、相手からの電話の記録、手紙やメールの保管、相手の言動の録音・記録、防犯カメラの設置による相手の特定などである。証拠、あるいは、情報を集めて警察に被害を訴えると、警察はストーカーに対して「つきまとい行為をしてはならない」と警告を出す。それでもストーカー行為を続けた場合、公安委員会が禁止命令を出すが、さらに続くとストーカーを逮捕するという手続きになる。この手続きを待てないような危険性がある場合、警察に告訴状を提出することもできる。「自己防衛」の観点からは、通学路を毎日変えるなど行動パターンに変化をつけたり、個人情報がわかるようなゴミは出さない、電話番号やメールアドレスを変えるなどの「身をまもるための対策」をとる必要がある。ストーカー被害者支援の機関を調べて相談することも有効である。支援機関の中には、一時的に身を隠すことのできる「シェルター」を用意しているところもある。

注

（1）　主な企業不祥事

・三菱自動車リコール隠し事件

　自社の車のクレーム情報の多くを多年にわたり隠蔽していたことが、平成一二年七月に発覚した。三菱自動車は行政処分をうけ、裁判では有罪判決を受け社長も引責辞任した。しかし、この教訓は生かされず、その後、リコールを実施することなく、欠陥を放置した結果、平成一四年に死亡事故を引き起こすことになった。

・西武鉄道総会屋に対する利益供与事件・有価証券報告書虚偽記載等事件

　総会屋に対し土地売買を偽装し総額一億八千万円もの多額の利益供与を行っていたことが、平成一六年に発覚した。また、同社は長年にわたり、有価証券報告書の「大株主の状況」についてコクドが所有する株式について数値の虚偽記載を行っていることが明らかになった。

・パロマ瞬間湯沸かし器死亡事故

　平成一八年七月に、同社の瞬間湯沸かし器で一酸化炭素中毒事故が二八件発生し、二一人が死亡していたことが明らかになった。同社が、不正改造が原因であるとして利用者に十分な説明をせず回収・修理も積極的に行わなかった結果、被害が拡大したと報道等で指摘された。

・不二家期限表示偽装・隠蔽事件

　平成一八年、不二家の工場で消費期限切れの牛乳を使用していることが明らかになった。さらに、この件が社内調査によって判明していたにもかかわらず、隠蔽の指示がだされていたことも内部告発で明らかになった。

（2）コンプライアンスにかかわる法律にはどのようなものがあるのか。

まず、新会社法、及び、ＪＳＯＸ法（金融商品取引法）が挙げられる。それに法律群として「消費者契約法」、「利息制限法」、「特定商取引法」「不正競争防止法」、「個人情報保護法」など企業の活動を規律する法律がある。製造業に関する法律として、ＰＬ法（製造物責任法）がありゴミなどの廃棄物処理に関する「人の健康に係る公害犯罪も処理に関する法律」等がある。他に、エコロジー（環境保護・環境保全）にかかわる法律群、人事労務にかかわる法律群がある。それぞれの分野や業態によって、企業は多くの法律の規制を受け、コンプライアンスを求められているのである。

ＪＳＯＸ法には「内部統制報告書」の提出を義務づける規定（第二四条の四の四）がある。これは、「一定の企業が証券市場の適正化を確保するために、企業内の必要な情報についてきちんと報告」（伊藤［二〇〇七：二〇］）すべきことと理解される。企業のコンプライアンスを考えるとき、「内部統制」という言葉が重要な要素としてある。企業内部において、不正が行われることなく、効率的に運営できるよう基準を設けて管理することを「内部統制」というのであるが、近年は、経営方針、コンプライアンス、リスク・マネジメント、事務処理などの適正が確保されるための統制という、より広い範囲が対象となり、コーポレート・ガヴァナンス corporate governance と同じ意味でつかわれる。

引用・参考文献

阿部謹也（一九九五）『「世間」とはなにか』講談社

伊藤真（二〇〇七）『会社コンプライアンス』講談社
織田博子（二〇〇四）「公立大学アルコール中毒死事件」永井憲一・中村睦男編『大学と法——高等教育50判例の検討を通して』財団法人大学基準協会
河合幹雄（二〇〇九）『終身刑の死角』洋泉社
高巌＋日経ＣＳＲプロジェクト編（二〇〇四）『ＣＳＲ　企業価値をどう高めるか』日本経済新聞出版社
郷原信郎（二〇〇九）『思考停止社会』講談社
郷原信郎（二〇〇九）『「法令遵守」が日本を滅ぼす』新潮社
後藤啓二（二〇〇六）『企業コンプライアンス』文春新書
谷本寛治編著（二〇〇四）『ＣＳＲ経営』中央経済社
トロウ、Ｍ.（二〇〇〇）喜多村和之編訳『高度情報社会の大学』玉川大学出版部
則武輝幸編（二〇〇四）『法学スケッチブック』八千代出版
元榮太一郎（二〇〇八）『刑事と民事』幻冬舎

（熊丸光男）

エピローグ

大学生のための「社会常識」を身に付ける一〇の原則

プロローグで述べたように、わが国では、「漢字が読めない首相」に象徴されるように、社会全体における「常識の欠如」現象がしばしば指摘され、「非常識の時代」といわれているのが現状である。企業においても、企業倫理やＣＳＲ（Corporate Social Respousibility: 企業の社会的責任）という、企業の社会常識を軽視、あるいは、無視した不祥事が多発している。他方、大学に目を向ければ、大学生による犯罪報道を多く目にするようになった。この背景には、分数ができない大学生に代表されるような、大学生の学力低下やそれに伴う価値観の未成熟化、すなわち、「大学生の幼稚化」等が指摘されている。

このような社会の「非常識化現象」の到来は、本書では「娯楽志向性」と「自己閉鎖性」がその理由ではないだろうか、という問いをすでに述べてきた。この娯楽志向性が、一般大衆の「社会常識」という「教養」や物事を論理的に捉えていくという「思考性」を失わせ、感性のままに生きていくという「脱思考化現象」を生み出したのである。このような社会では、たとえ大学側が「社会常識」講座を設けても、大学生自身が自発的に自ら学ぶ強い意志をもたない限り、社会人として必要とされる「社会常識」を身に付けることはできない。それでは、「社会常識」を自ら学び、磨くためにはどうすればよいか、について考えてみたい。

1　「社会常識」を磨くためには何が必要か

「社会常識」を磨くためには、「社会常識」を、①「知る」、②「理解する」、③「応用する」、ことが必要となる。この三点は、本書のプロローグで示した「常識を構成する三要素」としての「知識」、「良識」、「見識」と対になるものである。「知識」（Knowledge）においては、「知の量」が重要となり、「良識」（Good Sense）と「見識」（Judgment）では、「知の質」が問われる。すなわち、「常識」を身に付けるための基本は「知」の「質」と「量」の両方を充たすことが必要十分条件なのである。「知の量」を充たすためには、文字通り、社会常識に関する知識を獲得していくこと、つまり、「知識量」を増やすことである。どれだけ多くの知識を身に付けたか、そのための「知る努力」をどれだけこなしたか、という量が重要となる。当然ながら、知識にはさまざまなものがある。有意義なものもあれば、一見すると無意味と思われるものもあるだろう。しかし、「有益か、無益か」という知識の価値は相対的なものであり、ある分野では有意義な知識も、別の分野では無意味なものとなる場合もある。そのために、まずは、積極的に数多く「知る」ことに努めるべきである。「知識」はあくまでも「量」が問われるからだ。

こうして身に付けた「知識」の中から必要な知識を取捨選択し、適切に使いこなしていくためには

「知の質」が必要となる。その一つが「良識」である。先に知識の価値は相対的であると述べたが、数多くの知識の中には、倫理や道徳観などのように普遍的で社会的な価値をもつものもある。このような知識が「良識」であり、社会常識の倫理的価値となる知識なのである。「良識」を身に付けるためには、一つひとつの知識を正しく「理解する」能力が求められる。

このように、「常識」を身に付けるためには「知の量」と「知の質」の両方が必要であるが、さらに必要なことは、この両者を有機的に連関させることである。なぜならば、「良識」だけでは「質の良い知識」にすぎないからである。知識の量を蓄え、その中から倫理や道徳観のような「良識」を認識することは重要だが、さらにそれを実社会に「応用」してこそ、はじめて「常識」を身に付けたといえるのである。知識の価値は本質的には相対的なものであるために、その時々や場所、あるいは、求められている状況に応じて必要な知識を使う必要がある。そのためには、物事の本質に関して、「社会正義」(Social Justice) に基づく、「公平」(Fair) な見方をすることが必要となってくる。このような判断力が「見識」である。倫理観や道徳観など、時代や国の違いを超えた普遍的な価値観をもつ知識もあれば、マナーやモラルのように一見すると普遍的にみえるけれども、実際には時代や国、あるいは、民族や宗教によって価値観が異なる社会慣習としての知識もある。このような知識を見極める力が「見識」であり、社会常識に対する批判的・創造的な理性となるのである。さらに、「見識」は個人の主観に負うところが大きいために、「知識」や「良識」とは異なり、「応用する力」が必要となる。そのためには、数多くの「知識」と多元的な価値観としての「良識」を身に付けることが肝要である。

2 「社会常識」を応用するとは何か

これまで述べてきたように、常識を磨くためには「知識」を学び（知る）、その知識の中から普遍的な倫理的価値観をもつ「良識」を「理解」し、かつ、これらの知識を現実の社会に「応用」することで「見識」を身に付ける必要がある。こうして、常識とは単に知識として蓄えるだけでなく、実際に社会の中で活用していくことが必要なのである。

人間は他の動物とは異なり、高度で複雑な社会を形成することで、よりよき生活をすることができる。その社会で、社会人として、善き生活を送るための「社会知」が「社会常識」なのである。それゆえに、社会常識は現実の社会の中で活かされてこそ意義があるのである。

本書のプロローグで紹介したように、「常識」を意味する英語‘Common Sense’はトーマス・ペインの著書『コモン・センス』に由来する。同書はイギリスという国家的権威としての「常識」を疑い、市民的権威としての「常識」をアメリカ人に問いかけることで、アメリカ独立の原動力となった。このように「社会常識」は現実の社会の中で起きるさまざまな問題を解決していくための「知的手段」

の一つとなりうるのである。「知性」という合理的な思考による問題解決の仕方が「社会常識」ということになるのである。

3 「社会常識」を身に付けるための一〇原則

このように、社会常識を身に付けるということは単に知識を増やすということだけではなく、さまざまな社会事象を分析していくための「知的装置」となるのである。「知る」、「理解する」、「応用する」といった「社会常識」の要素は、「読み」、「書き」、「話す」という、日常的な一連の知的作業の積み重ねによって獲得可能なのである。決して、いわゆる「入門本」（ハウツー本）で簡単に得られるものではない。社会常識を身に付けることを謳った「入門本」は数多くみられるが、それらは個々の「社会常識」の具体例をあげ、それを実現するための技術的なマニュアル本が多い。これらはあくまでも表面的なテクニック本の類であり、社会常識を身に付けるという知的作業とは別物と考えるべきであろう。

大学生の場合は、日々の生活の場が主に大学となるので、大学で授業を通じて「知」を学び、「知」を実践することが必要である。そして、大学とは、切磋琢磨して友人と「知を磨く場」であり、こうした社会常識を身に付けるための最高の知的環境なのである。「社会常識」を身に付けるためのマニ

表 E-1　「社会常識」を身に付けるための10原則

①最低でも、一日二回（朝と夜）テレビ等のニュースをみること。
②新聞を毎朝、読むこと。できれば複数の論調の異なる新聞を読むこと（例―朝日新聞と読売新聞など比較して読むこと）。
③月に10冊以上の本を読むこと。
④社会事象に関する教養番組やドキュメンタリー番組をテーマを決めて視聴すること。
⑤フィールドワーク（実地調査）を実践すること。
⑥大学以外の講演会や講義等に積極的に参加し、知的空間を広げておくこと。
⑦新聞や雑誌に自分の関心あるテーマについて積極的に投稿すること。
⑧新聞の論説や投稿を読んで、重要なものはノートにメモしておくこと。
⑨留学生の人たちと交流し、さまざまなテーマで議論する機会をみつけること。
⑩大学の卒業生（OB・OG）の人たちと交流をもつ機会を大学（ゼミ等）を通じて得ること。

ュアルはないけれども、「社会常識」を学び、実践するための原則を提示することは可能である。大学生諸君が「社会常識」を身に付けるために、次に日常的な実践のための「一〇原則」を示しておきたい（表E-1）。

この「一〇原則」には「知」の基本要素である「知る」、「理解する」、「応用する」という三要素が含まれている。すなわち、ⓐ読む――新聞・雑誌・本等から学ぶ、ⓑ見る――映像情報（テレビ等）から学ぶ、ⓒ書く――投書・レポート・論文等から学ぶ、ということが有機的にリンクすることで、「社会常識」を磨いてゆくことになる。以下、「社会常識を身に付けるための一〇原則」について説明しておこう。

［原則1］最低でも、一日二回（朝と夜）テレビ等のニュースをみること。

政治や経済、国際情勢や社会的な事件などの情報を入手することは、「社会常識」を身に付けるための基本である。このことは自分が生きている社会や国際社会で起きている出来事を「知る」という行為であるからだ。このようなニュースに触れるには、テレビのニュース番組を見たり、新聞を読んだりすることが一般的だ。特に、テレビのニュース番組の場合は、新聞と比較すると情報の鮮度が高いことと、視覚と聴覚の両方で情報を得られるという特徴がある。朝と夜の決まった時間（例：デジタル放送の場合、午前七時と午後七時の二回、並びにＮＨＫのＢＳ１の場合は、午前・午後の適宜）のニュース番組を視聴するクセをつけておくことにより、計画的に社会の情報を常に入手することができるようになる。

〔原則2〕新聞を毎朝、読むこと。できれば複数の論調の異なる新聞を読むこと。

世間の動向を知るには新聞を読むことも大切である。特に、新聞はテレビのニュースとは異なり、活字を通して情報を得られるということも大きい。一日の始まりに活字のニュースに触れるクセをつけることが、また、できれば複数の論調の異なる新聞（例えば、朝日新聞・毎日新聞・読売新聞・日本経済新聞等）を読むことが望ましい。一つの事実であっても、新聞社の立場や思想が異なること（リベラルか、保守か、あるいは、中立か）で違った見方ができることがわかるからだ。これは複眼的な思考を身に付ける訓練にもなる。

［原則3］月に一〇冊以上の本を読むこと。

小説を除いてジャンルの異なる本（政治・経済・文化等の分野）を読むことが望ましい。活字を読む習慣は一朝一夕では身に付くものではないために、「テーマ」（政治・経済・文化・教育・福祉・医療等）を決めて読む習慣を身に付けることが大切である。とくに、大学一・二年生の時は知性を磨く準備期のために、この時期に読書習慣を身に付けているか、いないかで、後に「知的格差」が大きくあらわれてくる。読書は知識を身に付けるだけでなく、本という知的世界に触れるという意味でも重要なのである。また、読書をすることは、単に情報を得る（「知る」）というだけではなく、文章表現を学ぶ機会にもなる。ただし、いわゆる「～がよくわかる本」とか、「一〇分間ですぐに理解できる本」といったような、「入門本」を読んで、単純化、あるいは、短縮化された、「信頼できない知識」を得ない方がよい。

［原則4］社会事象に関する教養番組やドキュメンタリー番組をテーマを決めて視聴すること。

ＮＨＫのＢＳＩやＢＳ-Ｈｉ等の教養番組やドキュメンタリー番組を視聴することで、さまざまな社会問題の核心について事実を映像情報から学ぶことができる（注：本年の四月一日以降、ＮＨＫのＢＳはＢＳ1とＢＳプレミアムとなっている）。傾向としては、民放よりもＮＨＫの方に良質な番組が多い。テレビのニュースは、基本的には事実を客観的に伝えるだけであるのに対して、ドキュメンタリー番組はあるテーマについてより深く掘り下げて、時間をかけて多角的に解説するのが特徴である。また、さまざまな角度や視点からテーマを解説するために、単に知識を得る（知る）だけでなく、一つの問題について分析し、考えていく訓練にもなるのである。

［原則5］フィールドワーク（実地調査）を実践すること。

すでに述べたように、「社会常識」を頭の中で理解するだけでは不十分である。実際に、現場で、特定の問題に関する実践的な情報を入手することが非常に重要である。具体的には、「フィールドワーク」（実地調査）という方法がある。例えば、社会見学は、実際の現場において知識がどのように使われているかを実際に見聞することで「応用」を学ぶことができる。また、見学だけでなく、「フィールドワーク」の場合は、特定の問題について実地で調査していくことを通じて、「社会常識」がどのように応用されているかを知ることで、応用力を身に付ける訓練となる。このような「フィールドワーク」は地方自治体や民間企業が体験募集をしていることも多い。大学生の場合は、「フィールドワーク」をとり入れている授業やゼミに積極的に参加することが有効であろう。

［原則6］大学以外の講演会や講義等に積極的に参加し、知的空間を広げておくこと。

大学生である以上、大学の講義やゼミに出席することは当然であるが、「社会常識」を身に付けるためには積極的に知的空間を学外に広げておくことが重要である。大学では講義以外に、テーマを決めて講演会を催している場合もあるし、大学外でもさまざまなテーマで講演会が無料（地方自治体や企業等）で開催されていることもある。このような場に積極的に参加して、知的刺激を受けることが大切である。また、ゼミの先生に聞けば、専門的な学会などにも大学生でも参加できることもあるので、最先端の知識を得たい場合には身銭を切ってでも参加すべきだろう。

［原則7］新聞や雑誌に自分の関心あるテーマについて積極的に投稿すること。

先に、知の基本要素として「読む」、「見る」、「書く」をあげた。ここまで示した一〇原則のうちの六原則までは、「読む」、「見る」というインプットの要素が強い。しかし、さらに自らの知性を高めるのであれば、「書く」というアウトプットが求められる。これまで蓄積した知識を自ら考えることによって「良識」や「見識」という形でいかに発信することができるか、が問われるのである。自分でよく考え、手を動かして書くという作業は、「知のアウトプット」の訓練となるのである。その訓練の一つの方法として、新聞や雑誌の投稿欄に自らの意見を投稿するのは有効な手段である。政治や経済、社会情勢について自分の関心のあるテーマについて、積極的に投稿を行うべきである。また、その内容は単なる事実の羅列や指摘を行うのではなく、一つひとつの事象を論理的思考で捉え、さらには批判的に検討することで、社会事象の本質を理解し、さらに、自らが考えた「知の付加価値」を付けることによって、社会に対して問題提起することができるのである。

［原則8］新聞の論説や投稿を読んで、重要なものはノートにメモしておくこと。

［原則2］で述べたように、新聞にはそれぞれの論調がある。同一のニュースであっても、新聞社ごとの思想や立場によって異なる論調（リベラルか、保守か、中立か）で書かれるという点に注意が必要ではあるが、原則としてニュースは客観的な事実に基づいて書かれるものである。しかし、現実には、事実を取材によって検証することなく、憶測で記事を書く記者がいるために、誤報や誤解に基づく記事が掲載され裁判沙汰［名誉棄損］になることがよくある。

それに対して論説は、新聞各社が明確に意見を表明し、主張を展開する。同様に投稿欄もまた、新聞読者の主観に基づいた意見表明の場である。このような論説や投稿欄は書き手の主観が明確にあらわれるために、「あるテーマについての意見をどのように論理展開するか？」という思考を学ぶ訓練となる。また、その際には書かれている主張を鵜呑みにするのではなく、批判的に捉えるとどのような反証が可能であるかについて検討しながら読むことも重要である。そのために論説と投稿については単に読むだけでなく、重要なポイントについてはノートなどにメモをとることが大切である。

〔原則9〕留学生の人たちと交流し、さまざまなテーマで議論する機会をみつけること。

国際化の進む今日においては、「社会常識」もグローバルでなければならない。なぜならば、政治・経済・文化等のあらゆる面においてグローバル化が進展し、多種多様な考え方（異文化的価値観）が存在するからである。このようなグローバルな知識を吸収し、自らの考えを発信するには、当然ながら海外の人や社会に触れる必要がある。海外留学もその一つの方法ではあるが、国内でもグローバルな環境に触れることは可能である。特に、大学生であれば、自分の大学で学んでいる留学生と交流するという方法が有効であろう。さまざまなテーマを決めて議論を行うことで、より多様でグローバルな「社会常識」が生まれてくる。

〔原則10〕大学の卒業生（OB・OG）の人たちと交流をもつ機会を大学（ゼミ等）を通じて得ること。

大学生活も後半に入ると、就職活動の一環として卒業生（OB・OG）訪問をすることも多くなるだろう。このように大学のOB・OGに会うことは、就職活動に役立つばかりでなく、先輩の人生経験を一つの事例として学ぶ格好の機会にもなる。単なる人脈づくりにとどまるのではなく、実社会で働いている現役の社会人から生きた知識や情報を得られるというメリットがあるのである。OB・OGから得られる情報からは、社会の現場で有用な社会常識を多く学ぶことが可能であろう。しかし、大切なのは、これらの社会常識を「ハウツーもの本」のマニュアルのような感覚で吸収するのではなく、それぞれのシーンにおいて「なぜ」、それが社会常識なのかを自ら考えることである。知識が「良識」、さらには、「見識」となるには、自ら使いこなすことのできる、生きた知識でなければならないからだ。大学には多種多様なOB・OG会があるが、最も重要なのは、ゼミのOB・OG会である。ゼミのOB・OG会が開かれる機会があれば、極力参加するようにしたい。

これまで述べてきた「一〇原則」は、いわゆる「ハウツーもの本」にあるような「社会常識」の具体例やマニュアルなどではなく、社会常識の土台となる「知性」をいかにして磨くかということに重点が置かれていることがおわかりいただけたかと思う。うわべだけの「社会常識」を身に付けても、それは自らの血肉となった常識ではない。自分の置かれている状況が変化したり、刻一刻と移り変わる社会情勢を前にした時に、その「社会常識」が本当に自らのものとなっているかどうかがはっきりするであろう。

ここに述べた「一〇原則」は、日夜を問わず、知の世界に触れ、自らが考え、そして、主体的に発信することの重要性を示している。これらを実行し、「社会常識」を身に付けるための心構えとしては、特に以下の五点にまとめられるだろう。

①ローカル（Local）から、グローカルへ（Glocal）――狭範の立場から、広域な立場へ

「グローカルへ」（Glocal）とはローカル（地域的に――Local）とグローバル（地球的に――Global）を組み合わせた造語である。私たちが属する共同体、すなわち、ソーシャル・システム（社会）の一番小さい単位は例えば、家族社会であるが、その外には友人社会、職場社会、地域社会、という具合に大きなソーシャル・システムが広がっている。そして、「一番大きいソーシャル・システムは国家」（鶴見［二〇〇八：七四］）となる。しかし、このようなローカルに軸足を置いた視点では、今日の地球規模で発生している環境問題や国家間の紛争などを解決することは困難である。グローバル化した今日では、視点や思考もまた、グローバルに軸足を置いたものが求められるが、それはローカルを無視してよいということではない。個々のローカルな社会事象はすべてグローバルな社会事象と連関性をもっているという複合的な思考、すなわち、「どんな小さいところも地球的な全体性のなかで不可欠の構成体をなしている」（川勝［二〇〇八：八一］）という「グローカル」（Glocal）」な自覚が求められるのである。したがって、グローバルな視点（地球的視点）から思考し、ローカル（地域的）に行動していくということが、「グローカル」の基本的な考え方となるのである。

②自己理解から、相互理解へ

社会常識とは、社会において、私たちが円滑に生活を送るための「知的な潤滑油」であり、社会の中で他者と共存するための最低限の知的装置といえるものである。そのために、重要なものが、「相互理解」なのである。人間は社会的動物であるために、他者とコミュニケーションをとることで自分の意思を相手に伝える一方で、相手の意思を知ることも可能となる。コミュニケーションをとるためには、主体である自分が自分自身を理解（自己理解）している必要があり、それが前提となってコミュニケーションが可能となる。これはいわば、「意思伝達のキャッチボール」のようなものであり、何度も繰り返し行うことで相互のアイデンティティを尊重する考え方が生まれるのである。これが「相互理解」であり、その過程において、自分自身が気づいていなかった「新しい自分」に気づかされることもあるだろう。

　こうした「相互理解」を通じて、あなた方は他者との新しい人間関係を形成し、異なる価値観を受容することで、ハイブリッドな価値観（異文化融合的な価値観）を身に付けることが可能となる。

③批判的視点と創造的視点をもつ

　物事を創造する、すなわち、発明や発見、あるいは、新しい思想や制度の創設など、社会を革新させていくためには、社会の現状に対して常に批判的な視点をもつことが必要となる。批判的視点をもつということは、現状における問題点を見抜くことができるということであり、これが新しい思想や制度等を生み出していくための、第一歩となるのである。さまざまな社会的課題を解決するためには、対象となる社会事象を調査し、客観的なデータを集めて検討することになるが、このような客観的なデータはそのまま鵜呑みにするだけでは何も生まれない。批判的視点をもつことによって、これらのデータに含まれる意味を見出し、情報を整理し、情報を分析することで、データの妥当性に対する吟味が可能となるのである。このことは同時に、ともすれば意味のないものとして見落としがちな情報や情報の構成要素に新しい意味を見出すことができる創造的視点を身に付けることにもなる。このように批判的視点と創造的視点の双方をもつことで、「知識」を「見識」に昇華することが可能となる。

④社会事象を常に疑うこと

常識を身に付けるためには、的確に社会事象を理解し、さらにそうした事実関係を分析した上で、そうした事実の客観性について常に疑う姿勢が大切である。しかし、そもそも社会事象を知るとはどういうことであろうか？　この広大な世界において「情報」はほぼ無限に存在することを考えるならば、一人の人間が知ることのできる情報量には自ずから限界がある。アメリカを代表するジャーナリストであり、ピューリッツア賞を二度（一九五八年と一九六二年）受賞したウォルター・リップマンは、名著『世論』（Public Opinion、一九二二年）の中で、「どんな人でも、自分の経験したことのない出来事については、自分の思い描いているそのイメージが喚起する感情しか持つことはできない」（Lippmann, W＝掛川訳［一九八七：上二七］）と指摘した上で、この頭の中で描く世界を「疑似環境」（Pseudo-Environment）と呼んだ（同掲書二九）。すなわち、われわれが実体験以外に〃知っている〃社会事象とは「疑似環境」（Fiction＝虚構の事実）にすぎないのである。そして、この「疑似環境」を効率よく生みだす有力な知的装置がマスメディアであることにわれわれは留意すべきである。

マスメディアの発達によってテレビやラジオ、新聞などの報道機関が大きな社会的影響力をもつようになり、あたかも「マスメディアのいうことはすべて正しい」かのように思われがちである。しかし、マスメディアがわれわれに伝える情報はあくまでも「疑似環境」であって、「現実環境」(Real-environment) ではないのである。しかも、こうした「疑似環境」は社会的現実の一断面であり、全体像を示すものではない。この点に注意しなければ、テレビや新聞が伝えるニュースはすべて「正しい」ことになり、逆にテレビや新聞が取り上げなければ、そのニュースは「存在しない」ことになる。

一例をあげるならば、二〇一〇年四月一九日、野中広務元官房長官がＴＢＳの番組「NEWS 23クロス」において、大手メディアや著名なジャーナリストに対して多額の官房機密費が渡っていると発言したが、一部を除いた大手マスメディアは本件をほとんど詳細に取り上げていないし、事実関係についても調査すらしていないのが現状である。いうまでもなく、もし、政治記者が時の政府の官房長官から金銭を授受して、もし政府の方針にそって報道していたとしたならば、報道への信頼を失うばかりでなく、メディアの生命である「真実の報道」という理念を歪めることにさえなる。

あらゆる場合において、ジャーナリズムは素材を直接に報じるものではなく、素材がある形に整えられてからそれを報ずるのである (Lippmann, W＝掛川訳［一九八七：下二〇一］)。自分が、知っている社会事象はどのように「知った」のかを常に意識し、それが実体験によるものでなければそれはあくまでも「疑似環境」であることを認識し、その情報元はどこなのか、そして、その情報元にとってそれがどのような意味をもつのかを考えることが、社会事象を疑うということなのである。何よりも大切なのは、複数の情報ソース（情報源）から情報を入手し、情報分析を行った上で、情報の適確性を批判的な視点から判断することなのである。

⑤多角的な視点から物事を観察すること

　私たちの社会における多種多様な社会事象は、すべて多面的な要素をもっている。例えば、政治思想は人それぞれの立場によって善悪の判断が大きく異なる。経済のグローバル化についても、「グローバル化の進展」という事実に依拠した肯定的な見方もあれば、各国の国内経済への悪影響という負の側面に基づいた否定的な見方も可能である。昨年来、大きな問題となった沖縄普天間の米軍基地移設問題についても、沖縄住民の視点、歴史的な視点、日米関係の視点、さらには、東アジアにおける安全保障の視点などによって意見は異なるであろう。このように多角的な視点で物事を観察することで、より知的で深みのある「見識」を導くことが可能となるのである。

　このように広範の視点や見方や相互理解を推進していくための能力、多元的、かつ、批判的な視点を磨いていくことを常に心掛けることで、普遍的な価値観に支えられた、社会常識を身に付け、磨くことが可能となるのである。大学生活においては、自らが自発的に学ぶ強い意志をもつことによって、「知性」を身に付け、「知性」を実践し、「知性」の一要素である、「社会常識」を身に付けてもらいたい（もう一つの要素は当然ながら、専門知識の獲得である）。そして、「社会常識」を身に付けた大学生が社会に送り出されることによって、社会もまた、知的に豊かなものとなるのである。

引用・参考文献

川勝平太・鶴見和子（二〇〇八）『「内的発展」とは何か――新しい学問に向けて』藤原書店
Lippmann, Walter（一九二二）Public Opinion, The Macmillan Company＝［邦訳］（一九八七）掛川トミ子訳『世論』（上下全二巻）岩波書店

（松野　弘）

資料編1　社会人基礎力について

1　「社会人基礎力」導入の背景

従来、大学と企業はそれぞれ別の目的で教育を担ってきた。大学は哲学・歴史・政策等の基本的な知識と理論等という学問的な真理を追求していく場であるのに対して、企業が社員教会という形で実践的な教育を自社の社員（新入社員教育も含む）に行ってきた。つまり、「昔は学校を卒業すれば、仕事に就くのは常識であり、今さら、『社会人基礎力』などといわれなくても、親や先生、先輩、それにアルバイト経験などから自然に適応力を身に付けてきた」ということであった。ところが、ニートやフリーター、第二新卒者の出現に伴い、若者に社会常識・社会適応力等を身に付けさせなければ、企業の人材として使えないという企業側の事情から、企業活動を担う人材を確保・育成という観点から、職場に即、役立つような能力を明確化していく必要性がでてきたのである。

このような流れから、行政（経済産業省）・企業（財界）・大学が一緒になって取り組むべきだということになり、二〇〇六年七月に経済産業省の私的研究会「社会人基礎力に関する研究会」（座長・法政大学大学院教授　諏訪　康雄）が設置され、二〇〇七年五月にその中間報告が出され、「社会人基礎力」に関する具体的な考え方が明かにされた。この背景には、大学生の学力の低下は大学のみならず、地域社会・家庭における教育力の低下が原因であるという考え方が根底にあった（読売新聞社編『息子・娘を成長させる大学』読売新聞社、二〇〇七年）。

2　「社会人基礎力」とは何か

それでは、「社会人基礎力」とは一体、どのようなものだろうか。「社会人基礎力に関する研究会」では、「職場や地域社会の中で多様な人々とともに仕事を行っていく上での必要な基礎的な能力」を「社会人基礎能力」として定義し、これを構成する三つの要素を、（1）「前に踏み出す力」（アクション）――一歩前に踏み出し、失敗しても粘り強く取り組む力、（2）「考え抜く力」（シンキング）――疑問をもち、考え抜く力、（3）「チームで働く力」（チームワーク）――多様な人々とともに、目標に向けて協力する力、としている。この「社会人基礎力」は、小学校・中学校・高校時代の「基礎学力」（読み・書き・算数・基本ＩＴスキル等）と大学時代の「専門知識」（仕事に必要な知識や資格等）と

表１「社会人基礎力」を構成する３つの能力と12の要素

基礎能力	能力要素	内容	例
前に踏み出す力（アクション）	主体性	物事に進んで取り組む力	指示を待つのではなく、自らやるべきことを見つけて積極的に取り組む。
	働きかけ力	他人に働きかけ巻き込む力	「やろうじゃないか」と呼びかけ、目的に向かって周囲の人々を動かしていく。
	実行力	物事に目的を設定し確実に行動する力	言われたことをやるだけでなく自ら目標を設定し、失敗を恐れずに行動に移し、ねばり強く取り組む。
考え抜く力（シンキング）	課題発見力	現状を分析し目的や課題を明らかにする力	目標に向かって、自ら「ここに問題があり、解決が必要だ」と提案する。
	計画力	課題の解決に向けたプロセスを明らかにし準備する力	課題の解決に向けた複数のプロセスを明確にし､「その中で最善のものは何か」を検討し、それに向けた準備をする。
	創造力	新しい価値を生み出す力	既存の発想にとらわれず、課題に対して新しい解決方法を考える。
チームで働く力（チームワーク）	発信力	自分の意見を分かりやすく伝える力	自分の意見を分かりやすく整理した上で、相手に理解してもらうように的確に伝える。
	傾聴力	相手の意見を丁寧に聴く力	相手の話しやすい環境をつくり、適切なタイミングで質問するなど相手の意見を引き出す。
	柔軟性	意見の違いや立場の違いを理解する力	自分のルールややり方に固執するのではなく、相手の意見や立場を尊重し、理解する。
	状況把握力	自分と周囲の人々や物事との関係性を理解する力	チームで仕事をするとき、自分がどのような役割を果たすべきかを理解する。
	規律性	社会のルールや人との約束を守る力	状況に応じて、社会のルールにのっとって自らの発言や行動を適切に律する。
	ストレスコントロール力	ストレスの発生源に対応する力	ストレスを感じることがあっても、成長の機会とポジティブにとらえて肩の力を抜いて対応する。

出典：「社会人基礎力に関する研究会・中間取りまとめ」より

いう基盤の上に構築されているものである。したがって、「基礎学力」や「専門知識」という基礎ができていないと、「社会人基礎力」も身に付かないということになる。

さらに、これらの基本能力を次のような一二の［能力要素］、すなわち、（1）「前に踏み出す力」：①主体性、②働きかけ力、③実行力、（2）「考え抜く力」：①課題発見力、②計画力、③創造力、（3）「チームで働く力」：①発信力、②傾聴力、③柔軟性、④状況把握力、⑤規律性、⑥ストレスコントロール力、に分類している（**表1**参照）。これらの能力要素をみると、大企業のすぐれたマネジャー・クラスなら達成できるような要素ばかりである。大学生にこのような能力の育成を大学に求めるというのは、大学を高等職業訓練専門学校としてみなし、大学生を企業の社員になるための予備訓練兵として捉えているような感じもするけれども、「企業と学生のミスマッチが解消していく」手段ということのようである。まさに、この「社会人基礎力」は若者に社会で働いていくための厳しさを具体的なスキル基準で示し、その目標達成のために努力させていくという企業側の意図がみえるように思われる。しかし、企業を含めた社会で働くためのスキル基準が示されたことで、努力目標が明確化されたということは評価していいかと思われるが、このことを大学教育に組み入れるに際しては、学問的な真理の探求という、大学本来の目的と実践的な「社会人基礎能力」とをいかに有機的に連関させるか、が大学の重要な課題となってくるだろう。くれぐれも大学が就職予備校にならないように関係者の方々は留意していただきたいものである。

3　大学の勉強と「社会人基礎力」の関係

「社会人基礎力」の大学のおける普及の促進をめざしている経済産業省では、二〇〇七年には、経済産業省の「社会人基礎力育成事業」として全国の七つの大学（宮城大学・東京電機大学・武蔵大学・山梨学院大学・中京大学・愛知学泉大学・大阪大学大学院）をモデル校として指定し、二〇〇九年には、「社会人基礎力育成グランプリ二〇〇九」として、全国の大学から応募大学を募り、二〇〇九年二月に東京で決勝大会が開催された。産学共同をテーマに、大学と企業との具体的なベンチャー・ビジネス立ち上げのための提案等のインキュベーション事業の成果を問うたもので、［優秀賞］に小樽商科大学（＊）、東京女子大学、豊橋科学技術大学、愛知学泉大学（＊）、大阪工業大学、関西学院大学、奈良佐保短期大学、香川大学、日本文理大学、［准優秀賞］に、電気通信大学、城西大学、宮城大学（＊）、山梨学院大学、富山大学（＊）、摂南大学、大阪大学（＊）、が選ばれた（＊はモデル校）。

すでに指摘したように、大学は小学校・中学校・高等学校等で幅広く観点から培われた基礎学力を基盤として、さらに高度な専門的な学力を学ぶ場である。「社会人基礎力」は大学生の実践的な視点・知識を磨いていくための補助的なスキル（技能）である。アメリカのビジネス・スクール（専門職経営大学院）はかつて、企業のマネジメントをリードしていく人気のある大学院だったが、ビジネ

表2　主な企業が求める人材像と社会人基礎力の関係

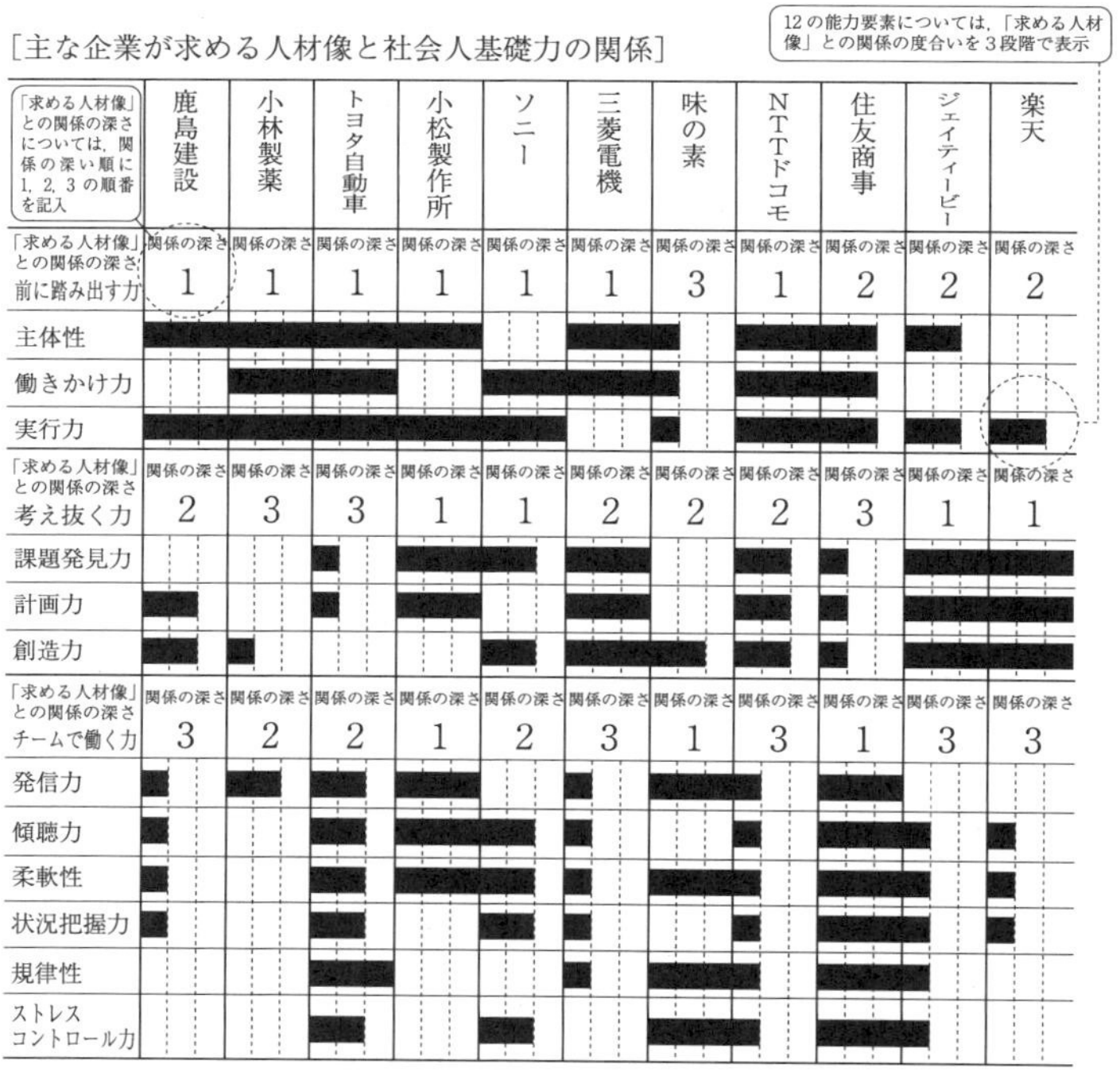

[主な企業が求める人材像と社会人基礎力の関係]
12の能力要素については，「求める人材像」との関係の度合いを3段階で表示
「求める人材像」との関係の深さについては，関係の深い順に1，2，3の順番を記入
鹿島建設
小林製薬
トヨタ自動車
小松製作所
ソニー
三菱電機
味の素
NTTドコモ
住友商事
ジェイティービー
楽天
「求める人材像」との関係の深さ
関係の深さ
前に踏み出す力
1 1 1 1 1 1 3 1 2 2 2
主体性
働きかけ力
実行力
考え抜く力
2 3 3 1 1 2 2 2 3 1 1
課題発見力
計画力
創造力
チームで働く力
3 2 2 1 2 3 1 3 1 3 3
発信力
傾聴力
柔軟性
状況把握力
規律性
ストレスコントロール力

ス・スクール出身の経営者は企業としての短期的な利益を追求するあまり、「企業は社会的存在」である、という経営哲学（経営理念）を忘れ、株主のための経営政策や経営戦略を展開していったために、多くの従業員を解雇し、企業をM&A（買収）によって崩壊させ、さらに消費者や一般市民等からの信頼を失った。近年のサブプライム・ローン問題の端を発した未曾有の世界金融危機は、利益の追求のみを経営戦略とした経営者の失敗を証明したようなものである。このために、ビジネス・スクールでは、企業倫理論、CSR論（企業の社会的責任論）、SRI論（社会的責任投資）、「企業と社会」論、環境経営論、環境会計論等のように、企業の私的利益と社会的利益を有機的に連関させるような、新しい経営哲学・経営政策・経営戦略が求められている。

「社会人基礎力」を企業にとって欲しい人材を育成するための実践的な能力を開発する有用なプログラムであるが、大学はさまざまな社会事象に対して的確に、かつ、社会的公正の観点から分析し、問題点を把握し、意思決定を行っていく基本的な能力を育成する場であって、企業の利益のための能力を開発する場でないことを忘れてはならない。したがって、学問的な真理の追求という大学教育の原点に立って、「社会人基礎力」のような実践的教育を補完的に利用していくということをきちんと認識して、大学は大学生に社会倫理性の高い知性を教授していくことが必要である。そのことが社会における大学の教育的な役割を再認識させるとともに、大学が二一世紀の新しい「社会知性」の拠点となることができるのである。参考までに、「主要企業が求める人材像と社会人基礎力」との関係に関する調査結果を紹介しておいたので、社会人基礎力のもつ意味を理解していく一助となれば幸いである（表2参照）。

（松野　弘）

引用・参考文献

（株）富士通オフィス機器（二〇一〇年）『社会人基礎力――社会で働くための基礎を学ぶ』他。

経済産業省（二〇〇六年）『社会人基礎力に関する研究会――「中間取りまとめ」』。

経済産業省（二〇一〇年）『大学生の「社会人観」の把握と「社会人基礎力」の認知度向上実証に関する調査』。

読売新聞社編（二〇〇六年）『息子・娘を成長させる大学』読売新聞社。

資料編2　大学生による犯罪の推移と問題点

資料編2では、警察庁の『犯罪統計書』を基礎として二〇〇〇年代の大学生の犯罪をピックアップした。大学生の社会的な不祥事の典型としての犯罪は二一世紀に入ったこの一〇年ほどの間に、新しい様相を呈しているようにみえる。

やや長い歴史的スパンで見渡してみると、大学生の犯罪がこれほどまでに日常化し、話題に上ることはなかった。例えば、一つの目安として朝日新聞記事データベース「聞蔵II」を参照してみよう。一九九〇年の朝日新聞記事で大学生の犯罪を伝える見出し記事はわずか一七件であったが、二〇〇〇年には六八件、そして二〇〇八年には九九件にまで増加している。この結果を**表3**と照らし合わせてみると、大学生の犯罪の絶対数はこれらの期間においてこれほどの一方的な増加を示してはいない。つまり、記事件数の変化は、単純な犯罪件数の増加ではなく、むしろ大学生の犯罪や不祥事に対する社会的関心の高まりを反映していることがわかる。

実際に記事の内容をひもといてみると、大学生の犯罪として取り上げられる記事の内容は時代とともに多様化、狡猾化、凶悪化していることがわかる。もちろん、昭和の時代から強盗やひったくり、殺人、詐欺、薬物等の犯罪はみられたが、例えば一九九〇年代初頭の記事では、ひき逃げなどの交通犯罪が頻繁に登場する一方、いわゆる凶悪犯罪の登場頻度はかなり低く、大学生による凶悪な犯罪は非日常的な出来事として捉えられていたようである。しかし、時代が下るに連れて徐々にわいせつ事件や、詐欺事件、薬物事件などが増えはじめ、さらに強盗や障害、殺人といった事件の登場頻度が増している。とりわけ、二〇〇〇年代に入り、こうした犯罪がインターネットをはじめとした情報化と結びついて展開するようになる。ところで、これらの大学生による犯罪の変化の背景としては二つの側面が考えられる。一つには、社会経済の変化であり、もう一つは大学生自体の変質である。

社会経済の変化は、端的に産業化、都市化、そして情報化の進展として捉えることができる。例えば、モータリゼーションは交通事故・犯罪をもたらし、利便性を求める都市生活を支えるコンビニエンスストアの群生は、強盗事件の土壌となる。そして、二次的・間接的な人間関係を特徴とする都市的な生活様式の普及の中で、インターネットは他者との新たなつながり方を示すと同時に、その悪用による新たな犯罪を生み出してきた。インターネットを利用した詐欺や恐喝、薬物や援助交際の斡旋などはその代表格である。いわゆる「振り込め詐欺」は記憶に新しいが、その実行犯として逮捕された大学生の中には、ネット上の仕事探しサイトを通じてアルバイト感覚で犯行を行っていたという例もみられる。なお、**表5**にあるように詐欺事件は二〇〇五年よりその絶対数が増加している。これもまた、高齢化や単身世帯の増加、そして、情報化といった社会構造の変化の中で発生してきたものであり、こうしたいわば匿名性を特徴とした、顔の見えない犯罪は、今日の社会が抱える課題といえるだろう。

そして、大学生の犯罪を考える時、大学生自体の変質についても考えないわけにはいかない。よく知られているように、一九五五年に七・九％であった大学進学率は、一九九〇年には二四・六％に、二〇〇〇には三九・七％、そして、二〇〇八年には四九・一％に至っている（文部科学省『学校基本調査』）。とりわけ、この背景には国全体の経済成長によってもたらされた可処分所得の増加に加え、大学・短大数の著しい増加という二つの要因があげられる。このことは、かつては大学生たりえなかった人材が、大学生となることができるようになったことを意味している。それは、大学生の変質をもたらした。それゆえ、大学進学が人生の目標達成のための手段として明確に位置づけられた時代は過ぎ去り、今や大学進学は多くの場合、「モラトリアム（猶予）期間」としてライフコースの一部となっている。例えば、二〇〇三年に一気に世間の注目を集めた大学生サークル「スーパーフリー」による集団強姦事件では、何不自由のない日常に飽き、刺激的な非日常に期待してサークルに集った大学生たちがイベントによる一体感に酔いしれ、加害者・被害者双方の立場で事件を引き起こしていた。彼らの多くは、大学生としての規範意識はそっちのけで、豊かさと自由のみを享受しており、その意味で、社会学者E・デュルケムが述べたアノミー（欲求の無規制）状態が犯罪の温床となったと考えられる。

いずれにせよ、大学生の犯罪の推移に注目して気づくことは、近年ほとんどの場合、それは物質的に満たされた豊かな社会の中で引き起こされる犯罪であるということである（**表4**、**表5**）。生活や生存をかけた犯罪ではなく、目先の利益や快楽を求める犯罪がこれほどまでに目立つ昨今の状況は、豊かな社会の病理であり、大学と大学生のあり方に再考をせまっているように思える。大学、そして大学生をめぐる社会的な規範をもう一度再構築する時期が訪れているのではないだろうか。

（木下征彦）

表3　大学生の犯罪件数の推移（平成12年〜平成21年）

	平成12年	平成13年	平成14年	平成15年	平成16年	平成17年	平成18年	平成19年	平成20年	平成21年
総　数	309,649	325,292	347,558	379,602	389,027	386,955	384,250	365,577	339,752	332,888
生徒・学生等	109,856	114,939	117,681	123,069	117,719	110,211	100,519	91,997	80,628	80,153
中学生	38,011	38,653	38,018	38,176	35,795	34,438	31,441	30,564	28,235	30,025
高校生	55,460	59,201	61,113	62,813	58,928	53,722	47,981	42,579	36,337	34,992
大学生	10,183	10,900	11,636	14,385	15,329	15,236	15,088	13,862	12,060	11,564
専修学校生等	6,202	6,185	6,914	7,695	7,667	6,815	6,009	4,992	3,996	3,572

出典：警察庁「犯罪統計書」平成12年〜平成21年の罪種別犯行時の職業別検挙人員を基に作成

※交通業過を除く刑法犯の総数

表４　一般の犯罪（職業別検挙者数と罪種の内訳　平成20年）

	総数	自営業・家族従業者	被雇用者・勤め人	中学生	高校生	**大学生**	専修学校生等	無職者
刑法犯総数	339,752	18,282	106,622	28,235	36,337	**12,060**	3,996	134,220
凶悪犯	5,634	295	2,010	134	269	**82**	29	2,815
殺人	1,211	82	343	3	18	**7**	2	756
強盗	2,813	104	917	98	196	**50**	15	1433
放火	659	31	175	20	14	**7**	7	402
強姦	951	78	572	13	41	**18**	5	224
粗暴犯	51,924	5,728	25,280	2,970	2,179	**570**	287	14,190
凶器準備集合	83	3	37	19	12	**0**	1	11
暴行	22,379	2,621	12,071	550	434	**275**	116	6,312
傷害	23,164	2,460	13,673	1,912	1,238	**242**	139	5,960
脅迫	1,824	224	673	37	49	**12**	3	826
恐喝	4,474	420	1,286	452	446	**41**	28	1,801
窃盗犯	174,738	6,032	40,535	17,360	21,960	**4,234**	1,700	82,917
知能犯	15,145	1,201	5,697	149	403	**337**	122	7,236
詐欺	12,036	821	3,928	130	367	**309**	10	6,381
横領	1,140	111	766	9	14	**15**	3	222
偽造	1,810	249	871	10	22	**12**	19	627
汚職・背任	159	20	132	0	0	**1**	0	6
風俗犯	6,048	752	3,527	92	157	**114**	42	1,364
賭博	1,359	225	840	0	3	**8**	6	277
わいせつ	4,689	527	3,212	92	156	**106**	36	1,087
その他の刑法犯	86,263	4,274	29,573	7,530	11,369	**6,723**	1,816	24,978

（種別：平成12年〜平成21年）

脅迫	恐喝	窃盗犯	知能犯	詐欺	横領	偽造	汚職・背任	風俗犯	賭博	わいせつ	その他の刑法犯
1,458	11,261	162,610	11,341	8,492	971	1,631	247	6,112	1,905	4,207	71,679
103	4,003	65,621	396	353	6	37	—	383	14	369	30,100
37	1,762	24,170	53	52	1		—	91	4	87	7,453
45	2,046	35,108	224	200	2	22	—	155	2	153	14,088
15	53	3,558	77	67	2	8	—	94	5	89	5,868
6	142	2,785	42	34	1	7	—	43	3	40	2,691
1,525	10,186	168,919	11,539	8,495	1,067	1,634	255	6,166	2,077	4,089	80,750
100	3,523	67,804	334	286	5	42	1	378	18	360	34,198
47	1,544	24,598	44	40	1	3	0	81	4	77	8,390
33	1,792	37,105	181	154	3	23	1	146	1	145	16,198
8	62	3,455	69	58	—	11	0	106	10	96	6,742
12	125	2,646	40	34	1	5	0	45	3	42	2,868
1,527	8,811	180,725	13,173	9,507	1,184	2,112	368	5,912	1,928	3,984	90,407
99	2,685	68,460	433	382	4	46	1	318	14	304	37,561
25	1,220	23,997	41	40	1	—	—	59	—	59	8,937
46	1,281	37,739	242	219	3	20	—	125	5	120	18,230
18	61	3,777	81	71	—	10	—	104	8	96	7,103
10	123	2,947	69	52	—	16	1	30	1	29	3,291
1,457	8,531	191,403	13,653	10,194	1,088	2,124	247	5,886	1,725	4,161	110,768
78	2,445	67,665	605	497	14	94	—	396	16	380	44,083
30	1,120	23,121	70	58	1	11	—	87	—	87	10,289
33	1,210	36,905	305	264	5	36	—	165	6	159	20,855
7	38	4,502	142	116	8	18	—	99	8	91	9,039
8	77	3,137	88	59	—	29	—	45	2	43	3,900
1,388	7,063	195,151	14,850	11,238	1,210	2,236	166	5,688	1,422	4,266	119,018
84	1,883	64,948	1,095	944	42	109	—	341	28	313	43,109
31	886	21,970	107	91	13	3	—	70	—	70	9,857
38	897	34,935	474	403	24	47	—	114	3	111	19,970
10	27	4,829	334	302	4	28	—	121	24	97	9,496
5	73	3,214	180	148	1	31	—	36	1	35	3,786
1,522	6,439	194,119	15,053	11,648	1,111	2,033	261	6,373	1,771	4,602	115,207
89	1,600	61,310	1,014	903	23	88	—	388	20	368	39,572
25	738	20,979	95	79	3	13	—	85	—	85	9,589
49	768	32,434	425	387	7	31	—	141	5	136	17,498
8	50	4,961	335	308	7	20	—	118	14	104	9,221
7	44	2,936	159	129	6	24	—	44	1	43	3,264
1,693	5,780	187,654	15,760	12,406	1,252	1,847	248	6,261	1,379	4,882	113,611
104	1,282	53,733	1,157	1,067	24	66	—	357	14	343	37,811
34	583	18,565	104	98	3	3	—	79	—	79	9,200
52	596	27,756	525	486	7	32	—	137	7	130	16,669
14	53	4,886	379	347	12	106	—	106	7	99	9,035
4	50	2,526	149	136	2	11	—	35	—	35	2,907
1,684	5,054	180,446	15,264	12,113	1,104	1,898	149	6,279	1,529	4,750	103,502
84	1,050	50,255	1,056	988	18	50	—	350	13	337	33,365
29	534	18,539	91	85	3	3	—	88	—	88	8,503
39	437	24,911	437	406	6	25	—	110	1	109	14,525
10	46	4,665	368	352	6	10	—	104	9	95	8,054
6	33	2,140	160	145	3	12	—	48	3	45	2,283
1,824	4,474	174,738	15,145	12,036	1,140	1,810	159	6,048	1,359	4,689	86,263
101	967	45,254	1,011	906	41	63	—	405	15	390	27,438
37	452	17,360	149	130	9	10	—	92	—	92	7,530
49	446	21,960	403	367	14	22	—	157	1	156	11,369
12	41	4,234	337	309	15	12	—	114	8	106	6,723
3	28	1,700	122	100	3	19	—	42	6	36	1,816
1,824	4,474	174,738	15,145	12,036	1,140	1,810	159	6,048	1,359	4,689	86,263
89	422	46,979	1,055	963	40	52	—	396	15	407	25,569
37	81	19,292	113	93	8	12	—	87	6	81	7,464
33	159	22,053	466	434	15	17	—	165	6	159	10,235
11	139	4,058	360	336	13	11	—	99	14	125	6,334
8	43	1,576	116	100	4	12	—	45	1	42	1,536

出典：警察庁「犯罪統計書」平成12年〜平成21年の罪種別犯行時の職業別検挙人員を基に作成

表５　大学生の犯罪の推移

年度＼罪種	刑法犯総数（交通業過を除く）	凶悪犯	殺人	強盗	放火	強姦	粗暴犯	凶器準備集合	暴行	傷害
平成12年　総数	309,649	7,488	1,416	3,797	789	1,486	50,419	222	8,119	29,359
内）生徒・学生等	109,856	1,031	52	791	51	137	12,325	76	1,447	6,696
中学生	38,011	246	9	184	26	27	5,998	17	706	3,476
高校生	55,460	598	26	495	16	61	5,287	45	575	2,576
大学生	**10,183**	**97**	**12**	**48**	**5**	**32**	**489**	**12**	**89**	**320**
専修学校生等	6,202	90	5	64	4	17	551	2	77	324
平成13年　総数	325,292	7,490	1,334	4,096	783	1,277	50,428	497	8,636	29,584
内）生徒・学生等	114,939	948	35	716	72	125	11,277	185	1,319	6,150
中学生	38,653	233	6	175	33	19	5,307	76	605	3,035
高校生	59,201	523	15	428	30	50	5,048	93	546	2,584
大学生	**10,900**	**99**	**6**	**53**	**3**	**37**	**429**	**6**	**87**	**266**
専修学校生等	6,185	93	8	60	6	19	493	10	81	265
平成14年　総数	347,558	7.726	1,405	4,151	815	1,355	49,615	283	9,132	29,862
内）生徒・学生等	117,681	986	39	729	76	142	9,923	140	1,259	5,740
中学生	38,018	224	4	166	32	22	4,760	21	639	2,855
高校生	61,113	590	18	471	34	67	4,187	115	440	2,305
大学生	**11,636**	**97**	**7**	**44**	**7**	**39**	**474**	**2**	**10**	**288**
専修学校生等	6,914	75	10	48	3	14	502	2	75	292
平成15年　総数	379,602	8,362	1,456	4,698	866	1,342	49,530	419	10,124	28,999
内）生徒・学生等	123,069	1,217	54	930	77	156	9,103	181	1,227	5,172
中学生	38,176	291	13	211	41	26	4,318	64	510	2,594
高校生	62,813	659	20	546	28	65	3,924	111	486	2,084
大学生	**14,385**	**128**	**11**	**65**	**3**	**49**	**475**	**1**	**144**	**285**
専修学校生等	7,695	139	10	108	5	16	386	5	87	209
平成16年　総数	389,027	7,519	1,391	4,154	867	1,107	46,801	279	11,002	27,069
内）生徒・学生等	117,719	854	38	655	80	81	7,372	157	1,118	4,130
中学生	35,795	206	5	150	38	13	3,585	47	480	2,141
高校生	58,928	449	18	361	35	35	2,986	102	451	1,498
大学生	**15,329**	**106**	**7**	**70**	**5**	**24**	**443**	**1**	**115**	**290**
専修学校生等	7,667	93	8	74	2	9	358	7	72	201
平成17年　総数	386,955	7,047	1,338	3,844	791	1,074	49,156	95	13,970	27,130
内）生徒・学生等	110,211	756	42	566	67	81	7,171	60	1,201	4,221
中学生	34,438	197	9	146	26	16	3,493	31	513	2,186
高校生	53,722	395	19	316	33	27	2,829	27	423	1,562
大学生	**15,236**	**97**	**8**	**61**	**6**	**22**	**504**	**—**	**170**	**276**
専修学校生等	6,815	67	6	43	2	16	345	2	95	197
平成18年　総数	384,250	6,459	1,241	3,335	825	1,058	54,505	155	19,802	27,075
内）生徒・学生等	100,519	639	55	423	74	87	6,822	67	1,311	4,058
中学生	31,441	140	10	82	31	17	3,353	25	531	2,180
高校生	47,981	348	28	258	35	27	2,546	32	408	1,458
大学生	**15,088**	**100**	**11**	**50**	**6**	**33**	**582**	**6**	**242**	**267**
専修学校生等	6,009	51	6	33	2	10	341	4	130	153
平成19年　総数	365,577	5,923	1,161	2,985	764	1,013	54,163	159	21,808	25,458
内）生徒・学生等	91,997	592	37	376	76	103	6,379	90	1,373	3,782
中学生	30,564	162	4	105	35	18	3,181	42	564	2,012
高校生	42,579	299	18	207	34	40	2,297	45	455	1,321
大学生	**13,862**	**89**	**10**	**36**	**4**	**39**	**582**	**—**	**250**	**276**
専修学校生等	4,992	42	5	28	3	6	319	3	105	173
平成20年　総数	339,752	5,634	1,211	2,813	659	951	51,924	83	22,379	23,164
内）生徒・学生等	80,628	514	30	359	48	77	6,006	32	1,375	3,531
中学生	28,235	134	3	98	20	13	2,970	19	550	1,912
高校生	36,337	269	18	196	14	41	2,179	12	434	1,238
大学生	**12,060**	**82**	**7**	**50**	**7**	**18**	**570**	**—**	**275**	**242**
専修学校生等	3,996	29	2	15	7	5	287	1	116	139
平成21年　総数	332,888	5,634	1,211	2,813	659	951	51,924	83	22,379	23,164
内）生徒・学生等	80,153	547	42	337	72	96	5,581	58	1,225	3,406
中学生	30,025	139	4	92	33	10	2,936	43	519	1,958
高校生	34,992	259	21	172	30	36	1,820	14	334	1,093
大学生	**11,564**	**106**	**11**	**49**	**7**	**39**	**567**	**—**	**260**	**245**
専修学校生等	3,572	43	6	24	2	11	258	1	112	110

注１：平成12年・平成13年の項目は「自殺関与・同意殺人」
注２：平成12年・平成13年では項目なし

あとがき

かつて、大学生は若者のみならず、社会のオピニオン・リーダーとしての知的役割を果たしてきた。とりわけ、一九七〇年代頃までは、大学生は一般大衆の民意をデモ活動という形で体現していく「若きオピニオン・リーダー」として、大学紛争やさまざまな社会問題を通じて、権力者（政府＝政治的権力者・企業＝経済的権力者等・大学＝教育的権力者等）への「異議申し立て」を盛んに行った。

しかし、一九七〇年代以降、社会の安定志向化、大学の大衆化、大学生の娯楽志向化、政治的アパシー（無関心）の浸透などに伴い、大学生の社会規範意識や社会常識の欠如が大学生の社会意識を希薄化し、社会に無関心で、エゴイスティックな大学生を生み出してきた。こうしたことが今日の非常識な行動（電車や授業中の携帯使用や飲食・クラブ活動等での一気飲み等）や犯罪（大麻汚染・性的犯罪・オレオレ詐欺等）をもたらしたと要因といってもよいだろう。そのマクロな背景には、家族機能の衰退化や解体化という社会化の機能不全現象が、さらには、大学生自身の社会的孤立化状況があげられる。つまり、「社会の中の個人」としての意識がないばかりでなく、社会への無関心、社会規範、社会的慣行等に関する無知が大学生の「非社会常識的行動」に拍車をかけているものと思われる。

本書では、大学生に社会生活の中で生きていくための「社会常識」や「社会的マナー」を身に付けてもらうための視点・考え方・方法について、キーワード方式で伝えていきたいと考えている。基本は、「社会常識」とは何か（知識［knowledge］・良識［good sense］・見識［judgment］）について基礎的に学んでいただいた上で、社会生活における「社会常識」のさまざまな側面、つまり、①人と人の関係における基本的な「社会常識」（コミュニケーション力）等、②大学生活における「社会常識」（学ぶ・働く・友人との付き合い等）、③人と社会の関係における「社会常識」（社会とのかかわり方等）、の観点から大学生のための「社会常識力」、を伝授していきたい、と考えている。なお、近年、大学生の社会的な対応能力として、経済産業省が「社会人基礎力」を提唱し、その具体的な視点・考え方を示しているので、本書の資料編1で「社会人基礎力」について触れておいたので、参考にしていただきたい。

一昨年一一月に、「京都大学では、学生の相次ぐ薬物事件などを受けて、新入生を対象に法令遵守などを教える初年次教育を二〇一〇年度から実施する方針を固めた」という記事が掲載された。これは大学生の相次ぐ、不祥事（大麻所持事件、振り込み詐欺事件等）に対応して、大学の基礎教育として大学生に「社会常識」を教え、こうした犯罪に対する防止策を教育活動を通じて行うということである。具体的には、「社会常識」に関する授業を一般教育課程で試行的に一〇―一五コマ程度行い、二〇一一年度から単位化する予定である（読売新聞、二〇〇九年一一月二二日）。京都大学以外にも、大学生の不祥事やマナーの悪さに対応すべく、立命館大学・関西大学・東京女子体育大学・国際基督教大学等の全国の大学で、こうした「社会常識」講座を基礎演習や初年次教育の課程で学生に「社会常識」を教えていく動きがみられる（読売新聞、二〇〇九年一一月二二日）。

そこで、私たちは、大学生のための「社会常識」を体系的、かつ、実践的な「社会常識」講座として提供していくことによって、「社会常識」を身に付けた健全な大学生を育てていく一助として、本書を企画した。本書の執筆者には、社会生活との接点のある研究者、社会人の方を起用し、身近な視点からの「社会常識」について大学生にわかりやすく教授できる方に参加していただいた。ここに、これからの方々のご協力に対して、感謝申し上げたい。さらに、本書巻末の資料編における資料の収集・整理を手伝ってくれた、木下征彦氏（日本大学文理学部、千葉大学法経学部非常勤講師、千葉大学大学院人文社会科学研究科特別研究員）に、御礼を申し上げたい。また、本書の企画に賛同し、刊行に快諾をいただいた、ミネルヴァ書房の杉田啓三社長、並びに、編集者としてさまざまな作業をテキパキとしてこなしてくれた、東寿浩氏にあらためて感謝の意を表しておきたい。

二〇一一年三月一日

松野　弘

索　引

ア　行

カ　行

サ　行

タ　行

ナ　行

ハ　行

マ　行

ヤ　行

ラ　行

ワ　行

アルファベット

《**執筆者紹介**》（執筆順）

松野《まつの》　弘《ひろし》（編著者紹介参照、はしがき、プロローグ、エピローグ、資料編１、あとがき執筆）

佐藤《さとう》晴雄《はるお》（日本大学文理学部教育学科教授、講座１執筆）

茂木《もぎ》信太郎《しんたろう》（亜細亜大学経営学部教授、講座２執筆）

廣石《ひろいし》忠司《ただし》（専修大学経営学部教授、講座３執筆）

深澤《ふかさわ》弘樹《ひろき》（駒澤大学文学部社会学科専任講師、講座４執筆）

炭谷《すみたに》大輔《だいすけ》（株式会社電波の杜代表取締役、講座５執筆）

熊丸《くままる》光男《みつお》（帝京大学文学部教育学科准教授、講座６執筆）

木下《きのした》征彦《ゆきひこ》（千葉大学大学院人文社会科学研究科特別研究員、資料編２執筆）

《編著者紹介》

松野　弘（まつの・ひろし）

1947年岡山県生まれ。早稲田大学第一文学部社会学専攻卒業。日本大学文理学部教授・大学院総合社会情報研究科教授等を経て、現在、千葉大学大学院人文社会科学研究科教授。博士（人間科学、早稲田大学）。東京農業大学客員教授、千葉商科大学大学院政策情報学研究科客員教授、新潟産業大学客員教授、日本大学文理学部・大学院総合社会情報研究科講師（兼任）を兼務。日本学術会議・連携会員（特任－環境学委員会）。環境思想研究会代表、ソーシャル・マネジメント研究会会長、企業と社会フォーラム理事等。

専門領域としては、環境思想論／環境社会論、産業社会論／CSR論・「企業と社会」論、地域社会論／まちづくり論。現代社会を思想・政策の視点から、多角的に分析し、諸課題解決のための方策を提示していくことを基本としている。近年では、大学生、大学教授のあり方を中心とした高等教育論の研究を行っている。

［主要著作］

⑴『大学教授の資格』（単著、NTT出版、2010年）

⑵『大学生のための知的勉強術』（単著、講談社現代新書、講談社、2010年）

⑶『環境思想と何か』（単著、ちくま新書、筑摩書房、2009年）

⑷『現代地域問題の研究』（編著、ミネルヴァ書房、2009年）

⑸『「企業の社会的責任論」の形成と展開』（編著、ミネルヴァ書房、2006年）

⑹『環境思想キーワード』（共著、青木書店、2005年）

⑺『地域社会形成の思想と論理』（単著、ミネルヴァ書房、2004年）

⑻『企業と社会――企業戦略・公共政策・倫理（上・下）』（J. E. Post 他、監訳、ミネルヴァ書房、2011年刊行予定）

⑼ユートピア政治の終焉――グローバル・デモクラシーという神話』（J. Gray、監訳、岩波書店、2011年）

⑽『自然の権利――環境倫理の文明史』（R. F. Nash、訳、ミネルヴァ書房、2011年）

⑾『緑の国家論』（R. Eckersley、監訳、岩波書店、2010年）

⑿『新しいリベラリズム――台頭する市民活動パワー』（J. Berry、監訳、ミネルヴァ書房、2009年）他多数。

大学生のための「社会常識」講座
――社会人基礎力を身に付ける方法――

2011年7月20日　初版第1刷発行　〈検印省略〉

定価はカバーに
表示しています

編著者　松野　弘
発行者　杉田啓三
印刷者　田中雅博

発行所　株式会社　ミネルヴァ書房
〒607-8494　京都市山科区日ノ岡堤谷町1
電話(代表)　(075)581-5191
振替口座　01020-0-8076

創栄図書印刷・清水製本

ISBN978-4-623-05974-4
Printed in Japan